Wolfgang Rug
Andreas Tomaszewski

Grammatik mit Sinn und Verstand

Neufassung

Übungsgrammatik
Mittel- und Oberstufe

Lösungsheft

Ernst Klett Sprachen
Stuttgart

Zu diesem Lösungsheft

Im Leben kann man sich sehr unterschiedlich sprachlich ausdrücken.
Deshalb kann dieses Lösungsheft nur mit einer begrenzten Auswahl von
Lösungsmöglichkeiten auch nur eine Orientierung bieten. Die ganze sprachliche
Vielfalt kann es nicht wiedergeben. Wenn Sie die Möglichkeit dazu haben,
suchen Sie zusätzliche Hilfe und Gespräche bei deutschsprachigen Partnern
und Freunden.

Abkürzungen

N	Nominativ	mask.	maskulin	Sing.	Singular	Kap.	Kapitel
A	Akkusativ	fem.	feminin	Plur.	Plural	GiK	Grammatik im Kasten
D	Dativ	neutr.	neutral				
G	Genitiv					ggf.	gegebenenfalls

Grammatik mit Sinn und Verstand besteht aus:

Übungsbuch   ISBN 978-3-12-675422-4
Lösungsheft   ISBN 978-3-12-675423-1

1. Auflage   1 ⁵ ⁴ ³ ² ¹ | 2013 2012 2011 2010 2009

Alle Drucke dieser Auflage können im Unterricht nebeneinander benutzt werden.
Die letzte Zahl bezeichnet das Jahr dieses Druckes.

© Ernst Klett Sprachen GmbH, Stuttgart 2001.
Alle Rechte vorbehalten.
Internetadresse: www.klett.de

Redaktion: Eva-Maria Jenkins, Wien
Zeichnungen: Sepp Buchegger, Tübingen
Druck: medienHaus Plump GmbH, Rheinbreitbach
Printed in Germany.

ISBN 978-3-12-675423-1

Lösungen zu den Kapiteln

Kapitel 1: Haben wollen, sein können
Grundverben

A 1 und A 7
Üben Sie die Formen in der Tabelle im Katalog (➤ S. 226) in verschiedener Weise, z. B.:
- Welche Formen fallen Ihnen nicht sofort ein?
- Wo machen Sie Fehler, könnten Sie Fehler machen?
- Welche Formen haben einen Umlaut? (laut sprechen)
- Welche Formen schreibt man mit -ss?
- Konjugieren Sie probeweise bestimmte Verben durch.
- Üben Sie besonders: werden, sein, haben, dürfen.
- Was ist besonders an: brauchen, mögen/möchte?

Und hier noch einige Tipps: Schreiben Sie die Formen auf Karteikarten. Schreiben Sie die Formen, bei denen Sie immer wieder Fehler machen, auf besondere Karten; hängen Sie die Karten gut sichtbar auf. Üben Sie die Besonderheiten der Aussprache vor dem Spiegel, mit lauter Stimme, mit viel Theater.

A 2
Beispielsatz: Descartes meinte: Ich denke, also existiere ich, lebe ich, bin ich ein menschliches, seiner selbst bewusstes Wesen. – Wenn du reich bist und Besitz hast, dann bist du auch ein angesehener Mensch in der Gesellschaft, dann wirst du geachtet. – Wer nichts gelernt hat und lernt, der ist allenfalls in der Lage, Wirt in einer Gaststätte zu werden. – Ernst Bloch meinte: Wir leben, existieren; aber wir verfügen noch nicht über unser Schicksal, wir sind noch nicht Herr über unsere Geschichte; darum sind wir erst auf dem Weg zu unserer menschlichen Möglichkeit.

A 3
Die Aufgabe enthält für „haben", „sein" und „werden" als Teil des Prädikats nur eine kleine Anzahl von Beispielen. Hier ein paar Tipps zum Lernen:
- Sammeln Sie aus der Alltagssprache weitere Beispiele und stellen Sie sich drei Lernkarten her.
- Schauen Sie im Wörterbuch unter „haben/sein/werden" nach.
- Wenn Sie Gelegenheit dazu haben, bitten Sie Deutschsprachige, Ihnen weitere häufig verwendete Ausdrücke zu nennen.

Vergleichen Sie die deutschen Ausdrücke mit Ihrer Sprache, mit Englisch. Wo gibt es Unterschiede (Fehlerquelle!), wo gibt es Gleichheit (Brücke!)?

A 4
8 – 7 – 6 – 5 – 3 – 2 – 4 – 1

A 5
1: Halten Sie den Mund. Sie dürfen hier überhaupt nichts sagen. – Den Auftrag müssen Sie bis morgen Mittag erledigen, verstanden! – Damit das klar ist: Das muss alles bis morgen früh erledigt werden/sein! – Noch 500 Meilen bis Dodge City! Das können wir heute nicht mehr schaffen. – Ihre Schrift kann man leider kaum lesen. – Man kann/Ich kann es wirklich kaum glauben, aber es ist wahr.
Alle diese Sätze klingen etwas weniger scharf, weniger kompromisslos, etwas „menschlicher".

2: Da ist leider gar nichts mehr zu machen. – Der Artikel für die Titelseite hat in zwei Stunden fertig zu sein. – Diese blöde Bedienungsanleitung ist einfach nicht zu verstehen! – Wenn sie mal in Fahrt ist, ist sie nicht mehr zu bremsen.
Hier ist es umgekehrt: Die Sätze 1-3 klingen schärfer, kompromissloser, autoritärer.

A 6
Du sollst jetzt endlich essen und ins Bett gehen! – Ich möchte gern …/Geben Sie mir bitte … – Wollen Sie/Könnten Sie …/Bitte folgen Sie mir! – …, dann sollte/müsste/könnte das wohl richtig sein/dann ist das sicher richtig.

A 8
Sie hat seine Träume lange nicht verstehen wollen. – Das Pferd hat das Zimmer nicht tapezieren können.
Ich habe einfach nicht mehr so weitermachen wollen wie bisher. – Ich wollte einfach nicht mehr so weitermachen wie bisher. – Sie hat leider nicht mitfahren dürfen. – Sie durfte leider nicht mitfahren.

A 9
Sie wird wahrscheinlich zu Hause gewesen sein. – Das dürfte ungefähr 400 Euro gekostet haben. – Die Nachbarn müssen den komischen Brandgeruch doch gemerkt haben. – Haben Sie schon gehört? Der Meyer soll wieder zum Vereinsvorsitzenden gewählt worden sein.

A 10
An dieser Stelle darf gelacht werden. – Das Zimmer konnte von dem Pferd nicht tapeziert werden. – So ein Unsinn hätte nicht gedruckt werden dürfen.

A 11
Ich war verzweifelt, weil mir keiner helfen wollte. – Der Tapezierer war etwas verwirrt, weil er die Geschichte mit dem Pferd nicht ganz begreifen konnte.
Er/Sie hat erzählt, dass sie schon immer so frei hat leben wollen . – … ich früher habe glücklich werden wollen. – … das alles ganz anders hat gemacht werden sollen.

A 12
z. B.: **müssen**
(1) Wir sind leider gezwungen, das Arbeitsverhältnis mit Ihnen zum 31. Dezember zu kündigen. – Ich kann nicht anders, als Ihnen die volle Wahrheit zu sagen. – Es geht gar nicht anders, als dass ich es noch einmal von vorne probiere.
(2) Jeder ist verpflichtet/hat die Pflicht, an die Interessen der nachfolgenden Generation zu denken.
(3) Wir sind beauftragt/haben den Auftrag, Ihnen mitzuteilen, dass Sie den Nobelpreis gewonnen haben.
z. B.: **wollen**
(12): Ich habe den Wunsch, Nilpferdbilder zu foto-grafieren. – Ich habe die Absicht/beabsichtige, ein paar Nilpferdbilder zu machen. – Ich hätte gern ein paar Nilpferdbilder als Andenken.

A 13 b)
wollen
Frage nach einer Absicht (kann unhöflich klingen) – Wunsch, Absicht – feste Absicht, Wille – Er glaubt, ein guter Vorsitzender zu sein: In Wirklichkeit ist er völlig ungeeignet! – arrogant klingende Feststellung, dass jemand einer Norm nicht entspricht (nicht gut Deutsch spricht) oder das Ziel (im Deutschen perfekt zu sein) noch nicht erreicht hat.

sollen
Vorschlag/Frage nach einem Wunsch – Frage nach dem Sinn eines (hier unerwünschten) Vorschlags – biblisches Gebot – guter Rat, Empfehlung – Gerücht (jemand hat es mir gesagt, aber ich weiß nicht, ob es stimmt) – Annahme

einer Möglichkeit (falls, im Falle, dass …) – noch halbwegs freundliche Aufforderung des Vaters – unhöfliche, autoritäre Wiederholung der Aufforderung

müssen
Notwendigkeit, Unabdingbarkeit – starke, eindringliche Empfehlung – Aufforderung zu einer Handlung – starke Vermutung – Trost; Aufforderung, die Dinge etwas lockerer zu sehen – starke Zustimmung – relativ sichere Vermutung

können
fehlende Fähigkeit, mangelnde Qualifikation – fehlende technische Eignung – Erlaubnis – nicht sehr sichere Vermutung – kann: Möglichkeit; Können: Fähigkeit, Potenz, Qualifikation – Zustimmung – höflich geäußerter Wunsch

dürfen
Frage nach Erlaubnis – starke Überraschung; man signalisiert, dass man nicht einverstanden ist – (übertrieben) höfliche Frage – vage Vermutung

mögen
Sympathie- oder Liebeserklärung – das schmeckt/gefällt mir nicht – vage Vermutung (hier: ironisch) – Wunsch, Bitte – starker Wunsch, Tagtraum – feierlich, mit Pathos formulierter Wunsch

nicht brauchen zu (und: brauchen)
unfreundliche Äußerung von Ärger – etwas ist nicht nötig; etwas wird nicht verlangt – kein Modalverb: etwas nötig haben

lassen
Aufforderung; gleichzeitig: etwas soll zugelassen werden – Darf ich? – einem Fachmann einen Auftrag geben – Möglichkeit/konsequente Folgerung – unhöfliche, nervöse Aufforderung

A 14
„Müssen" im Beispielsatz drückt das Elend des Lebens unter Zwängen aus. „Können" im ersten Satz bedeutet Kompetenz, berufliche Fähigkeit; im letzten Satz Gelingen, Erfolg haben. „Wollen" im zweiten und dritten Satz bedeutet jeweils Willensanstrengung; es gilt im zweiten Satz als Voraussetzung des Gelingens, im dritten aber als nicht ausreichend.

A 15
Wir nennen nur eine Interpretationsmöglichkeit und einen möglichen Grund für das Weglassen des Verbs:
gehen (gebotene Rücksicht gegenüber einem Kranken) – durchs Schlüsselloch schauen (Ungeduld, Neugier) – weitermachen (wurde gerade gesagt) – z. B. wie im Satz vorher: weitermachen/kommen/bleiben – am A … lecken (aus dem gleichen Grund, warum hier die Pünktchen stehen).

A 16
1. Alle Menschen wollen glücklich werden. – Wohin wollen Sie denn in Urlaub fahren? – Wir wollen/möchten Deutsch lernen. – Ich will heiraten. – Er wollte sich umbringen.
2. Ich kann gut Deutsch. – Ich kann mich nicht erinnern. – Sie konnte sich nicht konzentrieren. – Deine Überlegungen können richtig sein. – Sie/Er kann niemanden lieben. – Dieses Spiel kannst du nicht gewinnen.

3. Das muss stimmen. – Die Steuern müssen bezahlt werden. – Man muss bei Rot anhalten. – Alle Menschen müssen sterben. – Man muss den Lottoschein bis Freitag, 18 Uhr abgeben. – Sie müssen mich unbedingt besuchen!
4. Hier darf man nicht anhalten. – Hier darf man parken. – Zwischen 14 und 17 Uhr darf man Besuche machen. – Was man ab 18 tun darf, z. B. wählen, Auto fahren … – Das dürfte stimmen.
5. Herr K. soll dringend zu Hause anrufen. – Ich weiß nicht, was ich machen soll. – Sie sollten mal auf der Post fragen. – Man soll hier Fahrräder mit in den Bus nehmen können. – Was soll denn das heißen? Was soll denn dieser Unsinn hier?
6. Ich möchte noch ein Bier. – Ich möchte mal wieder ausschlafen. – Ich mag dich. – Ich mag kein Apfelmus, …
7. Für die Schweiz brauchen Sie kein Visum. – Sie brauchen nicht anzuklopfen. – Die Kapitel 3 bis 5 brauchen Sie nicht zu lernen. – Sie brauchen auf diese Antwortkarte keine Briefmarke zu kleben.

A 17
Die Kinder dürfen ein Riesen-Schokoladeneis essen. – Sie sollen bitte zum Chef kommen. – Ich kann schon ziemlich gut Deutsch sprechen. – Du solltest/musst dir mal die alten Buster-Keaton-Filme anschauen. – Dieses Formular brauchen Sie nicht auszufüllen.

A 18
Den ganzen Faust von Goethe brauchen Sie nicht auswendig zu lernen/müssen Sie nicht … lernen. – Herr Müller, Sie müssen sich entschuldigen. – Du solltest dich mal umdrehen, … – Ich könnte eigentlich Karin besuchen. – Sie hätten diesen Skandal vermeiden können.

A 19
Ich kann die … Schwaben beobachten. Nur mit Mühe konnte ich in T. ein Zimmer finden. … hat mir erklärt, was ich darf und was ich muss. Im Ergebnis: Ich darf fast nichts, aber ich muss ziemlich viel. … Nach der Hausordnung muss ich die Miete … Monats bezahlen. Für den Haus-schlüssel musste ich eine Kaution … hinterlegen. Ich darf keinen Besuch auf dem Zimmer haben (empfangen) … Natürlich darf ich im Zimmer nichts kochen und im W. nichts waschen. Ich soll die Schuhe … ausziehen. Die Treppe müsse geschont werden, … Man kann im Haus nicht duschen und nicht baden. … 22 Uhr muss ich die H. wahren (muss ich leise sein). Auch das Radio müsse ich ausschalten. Als ich … Glühbirne bekommen wollte, … erklärt, man müsse unbedingt Strom sparen. … Treppenhaus kann man den Spruch lesen: Wenn du in … leben und glücklich werden willst, so musst du für … sorgen. … , dass ich länger als zwei Monate in diesem Haus leben kann. Ich möchte/will … ausziehen. Vielleicht wollen Sie ja mein Nachmieter werden.

A 20
Satz 1: a) kleine Liebeserklärung; b) mit viel Sympathie und Zuneigung; c) Du bist mir sehr sympathisch; manchmal auch: Ich liebe dich.
Satz 2: a) Unmöglichkeit; b) resigniert, definitiv, ablehnend; c) Man kann hier absolut nichts tun. Oder: Jemand meint eigentlich, dass er nicht bereit ist, etwas für jemanden zu tun.
Satz 3: a) starke, eindringliche Aufforderung; b) freundlich, drängend; c) Ich würde mich sehr freuen, wenn du mich besuchst.

Satz 4: a) nachdrückliche Empfehlung; b) kann ehrlich besorgt, aber auch drohend klingen; c) Ich gebe Ihnen den dringenden Rat, das nicht zu tun; hören Sie unbedingt auf damit!

Satz 5: a) Gebot in der Bibel; b) In der Formulierung (aus den „Zehn Geboten" der Bibel) klingt an, dass der Mensch zwar grundsätzlich frei ist zu tun, was er will und kann, dass dagegen aber das äußerst strenge, eindeutige, unmissverständliche „Gebot" gesetzt ist; c) Töten ist ein Verbrechen, ist moralisch verwerflich und strafbar.

Satz 6: a) definitive, stark betonte Ankündigung; b) glaubhaft, auch: drohend; c) Sie können absolut sicher sein, dass ich komme.

Satz 7: a) Äußerung einer Absicht; b) sehr höflich, ziemlich übertrieben; c) besser und einfacher klingt: Ich möchte Ihnen eine Frage stellen. Oder: Darf/kann/dürfte/könnte ich Sie etwas fragen?

Satz 8: a) Einleitung einer Frage; b) freundlich, höflich; c) Wie geht es Ihnen?

A 21

Hier ein Tipp zum Lernen: Machen Sie sich diese Wörter zu Ihren Freunden, Sie brauchen sie täglich in jedem zweiten Satz. Lernen Sie sie systematisch, mit Lernkarten; bilden Sie sich zu allen Wörtern Ihre eigenen Beispielsätze. Dabei gibt es verschiedene Möglichkeiten. Wir haben bei den ersten zwei Sätzen mehrere Varianten aufgeschrieben, bei den weiteren Sätzen nur noch eine:
Ich helfe dir bestimmt/wirklich/sicher. – Wahrscheinlich/Möglicherweise/Anscheinend kommen die Handwerker diese Woche nicht mehr. – Anscheinend begegnen wir uns heute alle 5 Minuten. – Offensichtlich ist Deutsch schwieriger als Englisch. – Helmut und Marianne haben offenbar einen schönen Tag miteinander verbracht. – Bestimmt haben die Leute viel mehr gewusst.

A 22

Hier gibt es verschiedene Möglichkeiten der guten schriftsprachlichen Formulierung; diese passen natürlich viel besser in einen höflichen, offiziellen, distanzierten, förmlichen Kontext (auch: Sie statt du); wenn Sie die Möglichkeit dazu haben, bearbeiten oder diskutieren Sie diese Aufgabe zusammen mit Deutschsprachigen:
Teilen Sie mir bitte morgen Ihre weiteren Absichten mit. – Sie sind jetzt nicht zu einer Aussage verpflichtet./Sie sind nicht verpflichtet, eine Aussage zu machen. – Viele katholische Priester setzen sich für die Abschaffung des Zölibats ein. – Nur wenn Sie sich sehr gute Deutschkenntnisse erworben haben, sind Sie wirklich in der Lage zu verstehen, was … .

Kapitel 2: Sich Zeit nehmen
Zeit und Tempus

A 1

Wir sind gerade dabei, aktuelle Präsenssätze zu bilden. – Wir bilden gerade Präsenssätze. – (… „am Präsenssätzebilden" klingt nicht gut.)
Die Nilpferde langweilen sich gerade. – Die N. sind im Moment dabei sich zu langweilen. – (… „am Sich-Langweilen" klingt nicht gut und sieht auch nicht schön aus).
Der Papa ist am Kreuzworträtsellösen. – Der Papa löst gerade Kreuzworträtsel. – Er ist gerade dabei, Kreuzworträtsel zu lösen.

Mutter kocht gerade Kaffee und Vater liest gerade Zeitung. – Mutter ist gerade dabei, Kaffee zu kochen … – Mutter ist gerade beim Kaffeekochen und Vater am Zeitunglesen.
Ich gewöhne mir im Moment das Rauchen ab. – Ich bin gerade dabei, mir das Rauchen abzugewöhnen.
Ich ändere gerade mein Leben. – Ich bin derzeit dabei, mein Leben zu ändern.
Unsere Lebensverhältnisse verändern sich gerade. – Unsere L. sind derzeit dabei sich zu verändern.
Zur Kommasetzung siehe Orthographie 2 (➤ S. 68); unser praktischer Tipp: Setzen Sie Komma bei Infinitiven, die durch zusätzliche Informationen erweitert sind.

A 2

Solche Präsenssätze definieren die Welt, wie sie ist; so ist das in allen Sprachen.
Tango ist ein nicht so wilder, aber doch feuriger Tanz, wie man z. B. in Spanien beobachten kann. – Nilpferde mögen keine fotografierenden Touristen, wie jeder weiß. – Bei Lawinenalarm müssen die Rettungshunde sofort einsatzbereit sein, sonst wäre ja der ganze Rettungsdienst für die Katz. – Der Ball ist rund und ein Spiel dauert 90 Minuten, wie jeder Fachmann bestätigen wird.

A 3

Der Professor kann sich an den Namen nicht erinnern, will aber ausdrücken, dass er die Person kennt und den Namen auch eigentlich wissen müsste.
Der Schaffner vermutet, dass jemand noch keine Fahrkarte hat. – Ich hatte (vorhin) ein Pils bestellt (und möchte es immer noch).

A 4

Dramatisierende Leseübung, Beispiel „Das Lawinenspiel":
Man beginnt mit den ersten beiden Abschnitten wie im Text (Präteritum) als Einführung, bis „ … feiern nämlich immer ausgiebig." Dann weiter: „Sie öffnen das Fässchen und schlürfen genüsslich daran … " (und so weiter).

A 5

Es war einmal ein Wolf (Präteritum bleibt erhalten, weil so alle Märchen anfangen), der hat im tiefen, dunklen Wald gelebt. Der ist immer hungrig gewesen, denn er ist schon alt gewesen, und die anderen Tiere, die er gern fressen wollte (besser als: hat fressen wollen), sind viel schneller und gewitzter gewesen als er. … (und so weiter)

A 6

Ich habe am Schreibtisch gesessen. Ich bin unruhig gewesen. Ich bin aufgestanden. Ich bin im Zimmer auf und ab gegangen. Ich habe mich in die Küche begeben. Ich habe nicht gewusst, was ich wollte (Präteritum besser als Perfekt „gewollt habe"). Ich habe Tee gemacht. Ich habe geraucht. Ich bin nicht im Zimmer geblieben. Ich habe das Haus verlassen. Ich bin aus der Stadt hinausgelaufen. Ich habe einen Hügel bestiegen. Ich habe mich ins Gras gesetzt. Ich habe mich treiben lassen. Ich bin auf der Wiese eingeschlafen. Ich habe geträumt. Eine Frau ist in meinen Traum getreten. Ich bin mit der Frau über die Wiesen gegangen. Ich habe mich neben sie ins Gras gelegt. Ich bin neben ihr eingeschlafen. Ich habe von einer Frau geträumt. Ich bin neben ihr aufgewacht. Sie hat neben mir gelegen. Ich bin aufgewacht. Ich bin allein gewesen. Aber ich bin nicht mehr unruhig gewesen. Ich bin zurück in die Stadt gegangen und habe mich an meinen Schreibtisch gesetzt.

A 7

Die „Nilpferd"-Geschichte verwendet hauptsächlich das Perfekt. Sie klingt nach „mündlichem" Deutsch, so, wie ein Kind erzählt oder wie man etwas einem Kind erzählt (und das Buch, aus dem sie stammt, ist auch für kleinere Kinder geschrieben). Nur dort, wo „Grundverben" verwendet werden, steht das Präteritum (wollte, war, waren, musste). Und einige Formen stehen im Plusquamperfekt. – Die „Lawinenspiel"-Geschichte ist dagegen durchgängig im Präteritum erzählt; so sehen „geschriebene" Erzähltexte aus. Der Erzähltext ist aber immer wieder durch Sätze im Präsens unterbrochen, weil dort „allgemeine Weisheiten" verkündet werden: Bernhardiner feiern nämlich immer ausgiebig ... Tango ist bei Bernhardinern sehr beliebt, weil er nicht so wild ist, aber doch feurig. etc.

A 8

Wir zeigen die Lösung am ersten Beispiel:
Präteritum: Um acht sollte Minni ins Bett. Das passte ihr nicht. Heimlich stellte sie die Uhr zurück. Papa stellte den Fernseher an. Er wunderte sich, dass die Nachrichten vorbei waren.
Perfekt: Um acht hat(te) Minni ins Bett gehen sollen (besser als: ins Bett gesollt). Das hat ihr nicht gepasst. Heimlich hat sie die Uhr zurückgestellt. Papa hat den Fernseher angestellt. Er hat sich gewundert, dass die Nachrichten schon vorbei gewesen sind. ... (und so weiter)

A 9

Der Tourist war sauer, weil er die Nilpferde nicht fotografieren konnte. – Die B. wurden entlassen, nachdem es nicht vermieden werden konnte, dass sie Unsinn getrieben hatten (Plusquamperfekt besser als Präteritum). – Die Bergwacht musste ... entlassen. – Die Bergwacht hätte ... toleranter sein können (der Satz bleibt, wie er ist).

A 10

Als Goethe sich vom Grab erhob und lächelnd seinen Gruß entbot, die Zauberlippe überfloss und Lyrik sich auf uns ergoss und Flötentöne noch erschollen, mir Tränen aus dem Auge quollen.
Das klingt genau so „geschraubt" und „geschwollen" wie die KII-Formen im „Original"-Text (➤ S. 51). Solche Formen sollten Sie in der Alltagssprache unbedingt vermeiden.

A 11

Die Texte sollten Sie laut und am besten vor einem kleinen Publikum lesen, dramatisch, atemlos; wenn Sie Gelegenheit dazu haben, bitten Sie einen Deutschsprachigen, Ihnen die Texte gut vorzulesen oder auf eine Kassette zu sprechen.

A 12

Beispielsatz: „ ... hat einen Ferrari gefahren" klingt auf jeden Fall professioneller, passt hier zum „Formel-I-Sport" also besser.
eine Reise machen <> ein Dienstfahrzeug benutzen – schwimmen (eine bestimmte Strecke von Punkt A nach Punkt B) <> baden, zum Spaß schwimmen, aus sportlichen Gründen – kopflos und ohne Ziel laufen <> laufen als Sport.

A 13

Beispielsatz: **Haben** sie es gecheckt, oder **checkten** Sie es? Perfekt ist richtig, denn „checken" ist der Aha-Moment des Verstehens, also ein „einmaliges" Ereignis. Da passt Perfekt besser, Präteritum würde stören, weil es eine Wiederholbarkeit impliziert.

Auch in den nächsten drei Sätzen wird durch das Perfekt ein stärkerer Bezug zur Gegenwart hergestellt: Jetzt liegt Schnee – meine Probleme sind gelöst – unser Restaurant ist seit Montag geöffnet; das Vergangene der Handlung (schneien – sich bemühen – eröffnen) spielt keine Rolle mehr. – Im vierten Satz wird durch das (zweifache und stark betonte) Präteritum die Endlosigkeit der Aktion (sich um Ordnung bemühen) ausgedrückt.

A 14

Auch hier empfehlen wir, den Text einmal laut durchzulesen und beim Lesen auf die Tempusformen zu achten. Denken Sie gelegentlich beim Zeitunglesen daran, die Tempus-formen von Überschrift und Meldung zu beobachten.

A 15

Beobachten Sie beim Beispielsatz (Der Tourist ging ... und trank ... . Zuvor hatte er ...), wie hinter dem Punkt die Zeit ein Stück weit „zurückspringt".
Nachdem er seine Kleider geordnet hatte, trat er ... – Nachdem er ... in Ordnung gebracht hatte, verschwand er auf immer. – Nachdem die Bernhardiner alle ihre Pflichten vergessen hatten, wurden sie ... entlassen. – Die Nilpferde verbrachten einen ruhigen und vergnüglichen Abend miteinander am Flussufer; zuvor hatten sie ... . zum Narren gehalten.

A 16

Der Satz mit den Präteritum-Formen (warf/zusammenbrach) hebt das außerordentliche Ereignis (den aggressiven Zusammenprall mit dem Vater) aus dem schrecklichen, jahrelangen Familienterror heraus. Danach geht dieser schreckliche Alltag aber „ganz normal" weiter: „und sonntags hatten wir Kaffee getrunken in der Küche".

A 17

Sie hören bald von mir./Sie werden von mir hören. – Ich besuche Sie irgendwann mal/werde Sie mal besuchen. – Kommst du bald zurück?/Wirst du irgendwann zurückkommen? – Die Welt geht übermorgen unter/wird untergehen. – Wir müssen die Bernhardiner zum Ende des Monats entlassen./Wir werden ... entlassen müssen. – Wir stellen nie mehr Zwillingshunde ein./Wir werden nie mehr ... einstellen.

A 18

Futur-II würde die Sätze distanzierter klingen lassen, weniger alltäglich, schärfer, drohender:
... das werden Sie bald verstanden haben – ... werde ich die ... fotografiert haben – ... werden Sie ... zusammengekratzt haben – ... werde ich ... gemacht haben, und dann werden alle meine Probleme gelöst sein.

A 19

1 b – 2 c – 3 f – 4 a – 5 d – 6 e

Kapitel 3: Vom Fressen und Gefressenwerden
Aktiv, Passiv und andere Möglichkeiten, sich unpersönlich auszudrücken

A 1
Tipp: Prüfen Sie schon beim Lesen nach, ob die Information wirklich komplett und zufriedenstellend ist, wenn das „Agens" nicht genannt wird, ob etwas fehlt. Man kann die Gegenprobe machen: Wenn man das Agens nennt, klingt dann der Satz unnötig kompliziert, wird etwas „Überflüssiges" gesagt?

A 2
Das Geschirr muss gespült werden. – Vor dem Haus wird die Straße aufgerissen. – Mehr als fünfzig Demonstranten wurden festgenommen. – Keine Angst, die Sache wird erledigt (werden). – Die Kinder sind nicht gut erzogen worden. – Passivsätze werden mit „werden" gebildet. – Ich bin heute Nacht um halb zwei angerufen worden. – ... die Synagoge, die 1938 niedergebrannt wurde.

A 3
1: Der Unfall ist von einer alten Dame und ihren drei Hündchen genau beobachtet worden. – Das Passiv ist von einigen Studenten immer noch nicht genau begriffen worden. – Er ist vom Alkohol (durch den Alkohol) vollständig ruiniert worden. – Die Diktatur wurde vom Freiheitswillen (durch den Freiheitswillen) der Menschen überwunden.

2: Unsere Produktion wird durch diese Methode revolutioniert. – Die Arbeitsmoral ist durch den neuen Bierautomaten nachteilig beeinflusst worden. – Durch das Husten eines kleinen Vogels ist eine Lawine ausgelöst worden. – Durch kleine Dinge können große Konsequenzen verursacht werden.

A 4
(➤ Lösungen von Aufgabe 3 in Kap. 14, S. 31)

A 5
Durch seine Qualitäten wurde seine Karriere erleichtert./Seine Qualitäten haben seine Karriere erleichtert. – Durch einen einfachen Trick wurde das Problem gelöst./Man hat das Problem mit einem (durch einen) einfachen Trick gelöst. – Von der Opposition wurde nicht widersprochen./Die Opposition hat nicht widersprochen. – Durch einen Zufall wurde der Fehler ans Licht gebracht./Ein Zufall brachte den Fehler ans Licht. – Mein Studienaufenthalt konnte mit einem Stipendium finanziert werden./Mit einem Stipendium konnte ich meinen Studienaufenthalt finanzieren.

A 7
1: zu – offen (auf) – zu Ende (aus) – (fix und) fertig, kaputt
2: aufgegessen/weggeputzt – gemacht – gestohlen/ verschwunden – weggeschickt

A 8
2 – 3 – 3 – 1 – bin geboren: 1/2: man kann es verschieden interpretieren – 3 – 1 – 1 – 3 – 1

A 9
1: So kann das wirklich nicht gesagt werden./So kannst du das wirklich nicht sagen. – Ich denke manchmal, hier wird zu viel gearbeitet./... , hier arbeiten die Leute/sie zu viel. – In unserer Region wird wirklich nicht das allerbeste Hochdeutsch gesprochen./... sprechen sie/die Leute ... – Wird „man" mit zwei 'n' geschrieben, sind zwei Fehler gemacht worden./Wenn du „man" mit zwei 'n' schreibst, hast du mehr als einen Fehler gemacht.

2: Abends kann man jetzt länger einkaufen./Abends kannst du/können wir jetzt länger einkaufen. – Jetzt kann man wieder freier atmen./Jetzt kannst du/können wir wieder freier atmen. – Heute raucht man auch bei uns weniger und isst mehr vegetarisch. – In Frankreich trägt man „dessous", in Deutschland Unterhosen.

A 10
1: Diese Aufgaben können in der knappen Zeit nicht gelöst werden./Diese Aufgaben kann man in der knappen Zeit nicht lösen. – Bist du sicher, dass alle Pilze, die du gefunden hast, gegessen werden können?/Bist du sicher, dass man alle Pilze, die du gefunden hast, essen kann?/... dass du alle Pilze, die ..., auch essen kannst? – Diese Bilder werden nicht verkauft./Wir wollen diese Bilder nicht verkaufen. – Seine Formulierungen können sehr leicht missverstanden werden./... kann man sehr leicht missverstehen.

2: Ein Van Gogh ist kaum noch bezahlbar. – ... war vorhersehbar. – ... war lange unerklärbar/unerklärlich.

Lärm, den man nicht ertragen kann – ein Konflikt, der nicht gelöst werden kann – ein Künstler, der so gut ist, dass man ihn nicht nachahmen kann – Vitamine, die man nicht entbehren kann – Konsequenzen, die man absehen kann – ein Partner, auf den man sich verlassen kann – sehr gute Freunde (die sich nicht trennen können)

A 11
1: Das ganze System kann kaum noch überschaut werden./... kann man kaum noch überschauen. – Einige Wörter können nur schwer ausgesprochen werden./... kann man nur schwer aussprechen./... sind nur schwer aussprechbar. – Glauben Sie mir, auch das Passiv kann gelernt werden./... kann man lernen./... ist lernbar. – Wenn man selbst nichts tut, kann leicht Kritik geäußert werden./Wenn du selbst nichts tust, kannst du leicht Kritik äußern.

Man konnte/durfte die Katze nicht streicheln. – Er verträgt es nicht, kritisiert zu werden.

2: Der Schaden ließ sich leicht reparieren. – Diese teuren Sachen lassen sich überhaupt nicht verkaufen. – Ihre Arbeit ließe sich ohne Anstrengung noch erheblich verbessern. – Das Wahlergebnis lässt sich in vier Jahren korrigieren.

A 12
1: ... kann nichts mehr gemacht werden./... kann man/kannst du nichts mehr machen./... ist nichts mehr machbar./... lässt sich nichts mehr machen. – ... muss unverzüglich geräumt werden. – ..., dass man nichts daran kritisieren konnte./..., dass daran nichts kritisiert werden konnte./..., dass sich daran nichts kritisieren ließ.

2: Die Miete ist pünktlich zum Monatsanfang zu zahlen. – Seine Kritik war von den meisten Zuhörern nur schwer zu akzeptieren. – Der Widerspruch war schnell aufzuklären.

Die weitere Entwicklung muss abgewartet werden. – Jetzt muss nur noch gesagt werden, dass die Kundgebung beendet ist.

A 13

1: … wurde … erfüllt. – … werden … vorgeführt. –
Wurden denn unsere Themen besprochen?/Hat man denn
über unsere Themen gesprochen? – … wurden nicht nur
positiv bewertet./Unseren Beispielsätzen hat man nicht nur
zugestimmt.

2: … zu einem Ende kommen – … kommen … niemals
zum Einsatz. – … zu Tode gekommen. – … kommt unser
neues Modell zum Verkauf.

A 14

1: Eine Lösung des Problems wird schon noch
gefunden./… lässt sich schon noch finden. – Herr
Kommissar, ich glaube, der Fall wurde aufgeklärt./… ist
aufgeklärt. – „Rhetorik" wird mit einem 'h' geschrieben,
„Rhythmus" mit zwei 'h'./… schreibt man mit …

2: Ob ich den Job kriege, entscheidet sich erst nach der
Sommerpause. – Unsere Produktivität muss sich erheblich
verbessern. – Warum soll sich denn jetzt alles verändern?

A 15

1: Ich habe zum Geburtstag überhaupt nichts (geschenkt)
gekriegt/bekommen. – Er hat lediglich einen Job als
Museumsaufseher bekommen/gekriegt. – Haben Sie Ihr
Zeugnis bereits erhalten/bekommen? – Der Kerl hat für
seine schreckliche Tat zwei Jahre mit Bewährung
gekriegt/bekommen. – Diese blödsinnigen Formulare
gehören abgeschafft.

2: Vom Weihnachtsmann wird mir eine Stereoanlage
gebracht/geschenkt. – Von seinen Eltern werden ihm
monatlich 500 Euro geschickt/überwiesen. – In feierlicher
Form wurden uns unsere Diplome ausgehändigt/überreicht.
– Mir wurde vom Finanzamt ein komischer Brief geschickt. –
So eine Politik muss verboten werden, und alle Politiker
sollten eingesperrt werden.

A 16

Die Buchhandlung wird (von den Mitarbeitern) um 18.30 Uhr
und samstags schon um 13 Uhr geschlossen. – Unser
Geschäft wird am kommenden Montag (durch den Inhaber)
eröffnet. – Die Eier (genauer natürlich: das Wasser) werden
(von mir, von der Mama) zum Kochen gebracht.
Das Kind tut so, als ob die Schokolade von selbst
verschwunden ist, um die Mutter zu beruhigen. – „Von
selbst" fallen normalerweise keine Eisenbahnen von den
Brücken; wenn sie es im Gedicht „Weltuntergang" doch tun,
spürt man, wie die Welt (durch unkontrollierte Energien
gestoßen) ins Chaos stürzt. Das Gedicht ist kurz vor dem
1. Weltkrieg geschrieben worden. – Er wurde in der
Normandie getötet/erschossen/ermordet. Er war Soldat im
2. Weltkrieg.

A 17

1: Man darf jetzt lachen./Jetzt darf gelacht werden. – Nein,
man darf hier nicht rauchen./Nein, hier darf nicht geraucht
werden. – Jetzt ist genug herumgeredet worden …

2: Es sollen in diesem Kapitel die Verwendungen des
Passivs gelernt werden. – Es wurde zwei Stunden lang völlig
ergebnislos diskutiert. – Es ist mir in meiner Jugend nichts
geschenkt worden.

3: Es muss noch gesagt werden, dass es eine sehr gute
Diskussion war. – Es wurde auf der ganzen Reise gesungen
und geblödelt. – Es wird von Amerikanern oft beklagt, dass
in Deutschland zu viel geraucht wird.

A 18

(1) Die ununterbrochenen Passiv-Formulierungen in diesem
Text machen deutlich, dass dieser Arbeiter gar nicht als richtig
lebendiger Mensch, mit Gefühlen, mit eigenen Bedürfnissen,
mit eigener Persönlichkeit auftritt. Er sieht aus wie ein kleiner
Automat, ein „Rädchen im Getriebe" der Firma; sein ganzes
„Handeln" wird nicht von ihm selbst, sondern vom
Produktionsablauf bestimmt. Er ist ein Beispiel eines durch
den Arbeitsprozess entfremdeten Menschen.
Aktivformulierungen kommen nur drei Mal vor; bei den beiden
ersten Formen (Wer später kommt … /wer dreimal zu spät
kommt) geschieht etwas Falsches, Unerlaubtes; die dritte
Formulierung (Dann gehe ich heim.) ist der einzige Satz, wo
dieser Arbeiter wirklich selbst spricht; aber es klingt so, als ob
er jetzt – nach einem solchen Arbeitstag – ganz ganz klein ist.

(2) Dieser Text klingt unfreiwillig komisch; hier hat sich ein
(unprofessioneller) Schreiber, der also keine journalistische
Routine hat, darum bemüht, einen „lebendigen" Text für die
Zeitung zu schreiben. Es gibt ja tatsächlich die stilistische
Funktion des Passivs, etwas besonders Aktives, Lebendiges
darzustellen (z. B. Bis in den frühen Morgen wurde auf dem
Marktplatz gesungen, getanzt, getrunken und gelacht.). Aber
hier wird dieses Stilmittel völlig übertrieben; Passagen wie „…
kulinarisch gegessen", … „die Schwäbische Alb erwandert"
sind nicht nur nach dem Satzanfang „So wurden …" (Plural)
grammatisch falsch, sie klingen auch sehr komisch.

(3) Der erste Satz klingt schroff, autoritär, machtorientiert.
Ebenso auch der zweite Satz, wo der autoritäre Chef
herumschreit. Hier kann man einen interessanten Wechsel
beobachten: Aktiv in der (unehrlichen) Frage: „Was, diskutieren
wollen Sie?"; immerhin spürt dieser Chef, dass sein Mitarbeiter
beansprucht, als selbstständiger Mensch zu handeln. Genau
das will er ihm aber nicht zugestehen, deswegen formuliert er
seine autoritäre Antwort im Passiv. Er will damit sagen: Hier in
„meiner" Firma hat niemand das Recht auf eine eigene
Meinung (außer mir).
Ähnlich der von den Preußen schwärmende alte Militarist:
Der kleine Rekrut, der da geschliffen und gedrillt wurde, ist
selbst nichts, die Norm, das Militär, der Staat ist alles.

A 19

1: Der erste Satz des Löwen und der erste Satz der Gazelle
entsprechen in ihrer Form dem Inhalt des Geschehens. Der
zweite Satz des Löwen und der zweite Satz der Gazelle sind
unwahrscheinlich, weil sie nicht vom eigenen Standpunkt aus
gesprochen sind. Der dritte Satz des Löwen ist möglich, als
rhetorisch-stilistische Besonderheit: Der Löwe leckt sich schon
das Maul und ist voller Vorfreude auf die leckere Mahlzeit.

2: Satz 1 ist sehr ehrlich, aber gerade deswegen in der Kain-
und-Abel-Geschichte unwahrscheinlich. Ebenso Satz 2, denn
Kain gibt sich ja ebenfalls als Täter zu erkennen. Satz 3 ist
möglich, indem Kain so tut, als ob „irgendjemand" Abel
erschlagen hat. Dennoch ist er unwahrscheinlich, denn laut
Bibel gab es damals außer Abel nur noch Kain, so dass dieser
sofort als Täter identifiziert wäre. Kain verwendet also
wahrscheinlich Satz 4, indem er den Mord hinter dem Verb
„sterben" zu verstecken versucht.

3: Satz 1 ist (wie bei Satz 1 in Gruppe 2) sehr ehrlich, aber
welcher Vermieter würde freiwillig so reden? Satz 2 ist
ebenfalls ehrlich, aber sehr direkt und ziemlich brutal, kaum ein
Vermieter würde so offen reden. Satz 3 klingt umständlich und
kompliziert und ist deswegen unwahrscheinlich. Der Vermieter
benutzt wahrscheinlich Satz 4, indem er so tut, als ob es ein
höheres Gesetz, eine höhere Notwendigkeit gäbe, die die
höhere Miete „leider" erzwingt.

A 20

1. Lauter „Zustände" sind hergestellt (worden); danach kann die Aktion beginnen (die Urlaubsreise).

2. „ändert sich nicht": von selbst, einfach so als Geschichte, ändert „es" sich tatsächlich nicht (das Leben, die politische Situation, die Gesellschaft); der Passivsatz „bis es geändert wird" klingt dagegen wie ein Appell zur Aktivität, zur Revolution: „bis du es änderst".

3. Die Verben „fuhren" (das war unsere Absicht) und „wurden gestoppt" (das war gegen unsere Absicht) sind im Hinblick auf die Interessen der erzählenden Person sehr genau formuliert.

4. „Protestieren": die demonstrierende Aktion der Polizisten, die mit ihrer passiven Rolle („vom Staat schlecht bezahlt werden") nicht mehr einverstanden sind.

5. In der Idylle von Kater und Maus können sich beide Tiere die aktive Sprechform leisten; die Maus kann sogar sicher sein, „nicht gefressen zu werden", also das normale brutale Mäuse-Schicksal nicht teilen zu müssen.

A 21

1. In fünf Tagen ist die Welt (von Gott) geschaffen worden: Am Montag sind die Dunkelheit vertrieben und das Licht entzündet worden. Am Dienstag ist der Himmel gebaut worden. ... usw.
Der Text wirkt im Passiv viel unpersönlicher, abstrakter, komplizierter; die Aktiv-Form drückt den Geist der Schöpfungsgeschichte (Gott als Handelnder, als Aktiv-Prinzip) weit besser aus.

2. Beachten Sie, dass in diesem Gedicht nirgendwo jemand etwas „tut", sondern es „passieren" lauter turbulente Ereignisse; „aktive" Verben („hupfen", „zerdrücken") beziehen sich nicht auf Menschen, sondern auf „Meere" und „dicke Dämme". Solche „Verdrehungen" von Menschen und Objekten sind typisch für die Gedichte des Jakob van Hoddis. Er löste mit diesem Gedicht aus dem Jahre 1911 eine ganze Welle grotesker Lyrik aus, eine Kunstform, die man „Expressionismus" nennt.

3. Zu diesem Leserbrief braucht man nichts mehr zu interpretieren; das tut die Autorin (die Gattin des 1977 verstorbenen Philosophen Ernst Bloch) selbst, indem sie vehement fordert, dass man mit und auf einem solchen Gedenkstein nicht mit dem Trick arbeiten darf, das „Agens" (die mörderischen deutschen Täter) einfach wegzulassen. Es ist übrigens der gleiche Trick, der in dem kleinen Text von Donna Leon in der Lesepause („Das allzeit nützliche Passiv") beim Namen genannt wird; dort in einer süffisant ironischen Art und Weise, im Leserbrief von Karola Bloch jedoch in scharfer, kompromissloser Form; und zwar mit Recht.

Kapitel 4: Wenn ich ein Vöglein wär'
Konjunktiv II

A 1

Die Varianten in Klammern sind die weniger gebräuchlichen Formen, die in Doppelklammern die selten vorkommenden Formen: man wäre (-); er käme/würde kommen; sie (dächte) würde denken; ich wollte (-); Sie sollten (-); man dürfte (-); er ((trüge)) würde tragen; er müsste (-); es könnte (-); sie hätte (-); man brauchte/bräuchte/würde brauchen; er ((verstünde/ verstände)) würde verstehen; sie ließen/würden lassen; es (ginge) würde gehen; du (gäbest) würdest geben; wir möchten (-)

A 2

er wäre gekommen – er wäre gewesen – man hätte gehabt – sie hätten gedacht – sie hätten gehen wollen – er hätte kommen dürfen – sie hätten geheißen – du hättest wissen können – er hätte fahren müssen – sie hätten gesagt – man hätte glauben können – Sie hätten gebraucht – es wäre gegangen – es hätte gegeben – sie hätten genommen – sie hätte lachen sollen

A 3

(Lösungssätze in waagerechter Reihenfolge): Papa würde das nicht tun. – Mama hätte das nie getan. – Mama hätte keine Zeit. – Ich hätte auch keine Zeit gehabt. – Man könnte überhaupt nichts verstehen. – Sie hätten nichts verstehen können. – Dazu dürfte es nicht kommen. – Du hättest doch den Mund halten sollen. – So etwas würde es bei uns nicht geben (… gäbe es bei uns nicht). – Sie hätte alles allein machen müssen.

A 4

würde … nichts verändert. – müsste … gefragt werden. – würde … geregelt. – wäre … verstanden worden. – hätte … nichts verändert werden dürfen. – hätte diskutiert werden müssen.
Der „Wunsch zum neuen Jahr" ist deswegen witzig formuliert, weil man natürlich erwartet, dass der Satz mit den Worten „wie das alte" beendet ist; durch die Fortsetzung „… hätte sein sollen" erfährt man dann überraschend, dass das alte Jahr vermutlich ein schlechtes Jahr gewesen ist.

A 5

Es gibt vielfache Varianten:
Würdest du bitte mal herkommen? – Würden Sie mir bitte mal sagen, warum … – Sie könnten doch was tun. – Das müsstest du doch eigentlich wissen. – Könnten/Würden Sie mir das vielleicht mal erklären? – Könntest/Würdest du das bis morgen machen? – Würden Sie bitte hereinkommen. – Sie sollten mal Ihre Aussprache üben.

Könn(t)en Sie mir sagen, wie spät es ist? – Das Bild würde sehr schön über das Sofa passen.

A 6

1: Hätten die Giraffen nicht so lange Hälse, (dann) würden ihre Köpfe nicht so weit oben sitzen. – Würden die Köpfe der Giraffen nicht so weit oben sitzen, (dann) hätten sie nicht so lange Hälse. – Wäre das Wasser im Rhein goldner Wein (statt Giftbrühe), (dann) möchte ich gern ein Fischlein sein.

2: Wenn du mich nicht ausgelacht hättest, (dann) hätte ich dich nach Hause gebracht. – Wenn Eva nicht in den Apfel gebissen hätte, (so) würden wir nichts vom Sündenfall wissen. – Wenn nicht einer gekommen wäre und mich mitgenommen hätte, (dann) säße ich immer noch hier.

A 7

Wenn ich ein Vöglein wäre und zwei Flügel hätte, könnte ich zu dir fliegen. – Wenn die Hälse der Giraffen kürzer wären, würden ihre Köpfe weiter unten sitzen. – Wäre ich ein Hund, (dann) würde ich (vielleicht manchmal) einen Briefträger beißen. – Wenn ich ein Schneemann wäre, (so) würde ich mich über den Frühling nicht freuen. – Wenn das Wasser im Rhein etwas sauberer wäre, würden sich die Fischlein besser fühlen.

A 8

1: Wenn wir keine Gazellen wären, würden wir kein Gras fressen. – Wenn ich kein Löwe wäre, dürfte ich keine Gazellen fressen.

2: Wenn wir Löwen wären, würden wir Gazellen fressen. – Wenn die Nudeln lang wären, könnte man sie Spagetti nennen.

3: Wäre der Tourist schneller gewesen, hätte er die Nilpferde fotografieren können. – Wenn die Hälse der Giraffen kürzer wären, würden ihre Köpfe weiter unten sitzen.

4: Hätte der Tourist nicht so furchtbar langsam fotografiert, hätte er die Nilpferde wahrscheinlich erwischt. – Wenn wir weniger friedlich wären, würden uns die Löwen möglicherweise nicht fressen.

A 9

Wenn ich eine gute Bohrmaschine hätte, … – Wenn es kein Zahnweh gäbe, … – Wenn du Stadtrat wär(e)st, … – Wenn der dumme Tourist mit dem Fotoapparat nicht gekommen wäre, …

A 10

Ich hätte diesen verrückten Kerl nicht eingeladen. (Ich würde … nicht einladen.) – Ich wäre rechtzeitig gekommen. (Ich würde … kommen.) – So was Dummes wäre mir nicht passiert. (… würde mir nicht passieren.) – Das hätte ich nicht unterschrieben. (… würde ich nicht unterschrieben.)

A 11

Ich kann diesen verdammten Schlüssel nicht finden. – Leider, leider habe ich gestern Abend viel zu viel getrunken. – Es gibt Tage so wie heute, da regnet es nur einmal, nämlich von morgens bis abends.
Wenn ich dich doch nur nicht kennengelernt hätte! – Wenn ich doch nicht immer alles alleine machen müsste! – Wenn mir doch endlich ihr/sein Name einfallen würde!

A 12

Hättest du diesen verrückten Menschen eingeladen? (Würdest du … einladen?) – Wärst du pünktlich gekommen? – Wäre dir so etwas Dummes auch passiert? (Würde dir … passieren?) – Hättest du das unterschrieben? (Würdest du … unterschreiben?)

A 13

Ich fühle mich (so), als ob ich ein Vöglein wäre. – Spiel dich nicht so auf, als ob du der Chef wär(e)st. – Es sieht ganz danach aus, als ob es heute noch ein Gewitter geben würde. – Das Gedicht auf Seite 51 klingt fast so, als ob es von Goethe wäre.

A 14

Es gibt mehrere Möglichkeiten zur Auswahl:

1: Man könnte glauben, heute wären alle verrückt geworden. – Es wäre gut, wenn Sie sich etwas mehr Mühe geben würden. – Ich könnte mir gut vorstellen, mit dir mal Ferien zu machen. – Ich würde sagen, das hast du gut gemacht. – Ich könnte mir vorstellen, noch einmal ganz von vorne anzufangen.

2: Man könnte dagegen einwenden, dass die Kosten größer sind als der Nutzen. – Man sollte annehmen, hier würden zivilisierte Akademiker diskutieren. – Man sollte annehmen, dass die Lösung des Rätsels zu finden sein muss/müsste. – Ich möchte vorschlagen, diese Übung jetzt zu Ende zu bringen.

A 15

Wenn Sie Gelegenheit dazu haben, sollten Sie diese Übung mit Deutschsprachigen zusammen bearbeiten und diskutieren.

Übungssätze 1 und 3: Die Verben heißen „selbstsicher sein" und „nichts mehr zu sagen haben"; wenn sie in der KII-Formulierung erhalten bleiben, klingen die Sätze viel markanter (arrogantes „selbstsicher sein", peinliches „nichts mehr zu sagen haben").

In **Satz 2** kann man den Kontrast beider Formulierungen deutlich erkennen: Im ersten Satzteil drückt der KII („da wäre") ganz realistisch die Tatsache aus, dass das Chaos wirklich da ist; der zweite Satzteil formuliert dagegen prophetisch, so wie in **Satz 5**, das kommt mit der komplizierteren Formulierung besser zum Ausdruck.

Auch im **Satz 4** wird Wert gelegt auf den Prozess „gesund werden".

In **Satz 5** kommt das „Prophetische" besser zum Ausdruck, wenn die ursprünglichen Infinitive („verwüstet sein", „keine Chance mehr haben") im KII erhalten bleiben.

In **Satz 6** könnte man diese Formulierung als umständlich, übertrieben empfinden gegenüber der einfacheren Variante „Hätten Sie bitte die Freundlichkeit …")

In **Satz 7** kommt das Traumhafte dieser Vision („der kleine dumme Junge sein") so besser zum Ausdruck.

Im **letzten Satz** passt die „umständlichere" Formulierung („würde sich verabschiedet haben") viel besser zu dem großartigen Theaterkünstler Gustav Gründgens als die einfachere Form („hätte sich verabschiedet").

Orthographie 1: Jeder weiß, dass das dass anders geschrieben wird als das das
Über die Schreibung von -s, -ss und -ß

A 1

Fuß – Fluss – Gruß – Bus – Kuss – Genuss – Biss – Riss – Nuss – Preis

A 2

Bei dieser Aufgabe kann man merken, dass die Rechtschreibreform die Schreibprobleme kaum vermindert hat:

müssen – muss – musste – müsste – gemusst
lassen – lässt – ließ – ließe – gelassen
küssen – küsst – küsste – würde küssen – geküsst
genießen – genießt – genoss – würde genießen – genossen
abreißen – reißt ab – riss ab – würde abreißen – abgerissen
beißen – beißt – biss – würde beißen – gebissen
heißen – heißt – hieß – hieße/würde heißen – geheißen
messen – misst – maß – würde messen – gemessen

A 3

das – das – dass – das – „das" – dass – „dass" – dass – dass – dass – das – das

Kapitel 5: Nein sagen lernen
Negation

A 1

nichts gesehen – nicht geklappt – niemand/keiner – nie/niemals/kein einziges Mal – noch nicht – kein Geld – kein Geld mehr – nicht mehr (sehr/ganz) jung – nirgendwo/nirgends – auf (gar) keinen Fall/gar nicht/ keinesfalls/überhaupt nicht etc. – von keiner Seite/von niemand(em)/von keinem/von nirgendwoher

A 2

1: 1 – 2: 2 e – 3: 2 a – 4: 2 b, teils gemeinsam mit a – 5: 2 f – 6: 2 f, gemeinsam mit b und a – 7: 2 d – 8: 2 c

A 3

Ich liebe dich nicht. – Ich habe keine Angst. – Ich habe nichts gehört. – Wir konnten nichts mehr retten. – Ich habe nichts (oder: nicht alles) verstanden. – Ich habe keinen Hunger mehr. – Ich habe die Arbeit noch nicht fertig. – Ich bin noch nicht (noch keine/erst) 30.

A 4

Hier kann man nicht gut leben./Hier lebt man schlecht. – Du hättest mich nicht fragen sollen./Du hättest jemand anderen fragen sollen. – Das ist so nicht richtig./So ist das falsch. – Warum hast du mich nicht angerufen?/Kannst du mir mal sagen, warum du mich nicht angerufen hast? – Ich habe nicht sehr viel (nichts/überhaupt nichts) gesehen. – Ich könnte in diesem Land nicht (gut) leben. – …, weil man bei diesen Leuten nur wenig (nicht viel) hat lernen können. – …, obwohl er mich nicht informiert hat.

A 5

Das Leben beginnt nicht erst mit dem Alter, sondern schon früher. – Heute gehe ich nicht mit dir ins Kino, sondern allein. – Diese Leute hier in der Gegend sind nicht (nur) konservativ, sondern (auch) reaktionär. – Man kann nicht nur rechts und links verwechseln, sondern auch mein und dein. – Die Sondernegation bezieht sich nicht auf den ganzen Satz, sondern nur auf einen Teil des Satzes.

A 6

1: richtig – Nichtskönner/Versager – Rückschritt – ist schon tot – schlechten – langweilig/uninteressant – gewonnen – intelligentes/kluges

2: roten/gelben/blauen – Hesse, Bayer, Norddeutscher – liberal/fortschrittlich/modern – Engländerin/Brasilianerin/ Polin – chinesische/ungarische/finnische

A 7

1: Früher war der Winter kälter als jetzt./Früher war der Winter nicht so kalt wie jetzt. – Liebe ist besser als Krieg./Krieg ist längst nicht so gut wie Liebe. – Sie ist eine fähigere Chefin (ein fähigerer Chef) als er./Er ist als Chef weniger fähig als sie.

2: Meine Birnen sind viel besser als Ihre./Ihre Äpfel sind aber überhaupt nicht so gut wie meine. – Ihre Kinder sind viel schlechter erzogen als meine./Ihre Kinder sind überhaupt nicht so gut erzogen wie unsere. – Herr Böse, mein Auto ist aber viel teurer und besser als Ihres./Stimmt ja gar nicht, Herr Streit: Ihr Auto ist überhaupt nicht so gut wie meins, und es ist auch nicht so teuer gewesen. – Mein Fisch war viel größer als Ihrer./Ihre Forelle ist ja überhaupt nicht so groß wie meine.

A 8

ein alter Herr – ein großer Posten – eine junge Frau – ein kleines Problem – einen großen Geldbetrag – oft zu tun

Die Komparativformen werden in dieser Bankraub-Geschichte zunächst verwendet, um sich diskreter, höflicher, ironischer auszudrücken (z. B. klingt „ein älterer Herr" diskreter als „ein alter Mann"). Aber oft wird dabei auch genau definiert, wie „alt" eine „ältere" Dame ist: Eine alte Dame ist z. B. 70 und älter; eine „ältere" Dame ist um die 60, eine junge Frau ist vielleicht zwischen 20 und 30, eine „jüngere" Frau etwas älter, etwa 30–35 Jahre.

A 9

Das Essen war … gut: absolut – unheimlich – irre – echt – äußerst – sehr – ziemlich – ganz – relativ – einigermaßen – nicht so – nicht – gar nicht – ganz und gar nicht – überhaupt nicht.
Sein Vortrag war … langweilig: total – vollkommen – sehr – ziemlich – ganz – relativ – einigermaßen – ein bisschen – gar nicht – überhaupt nicht.
Er ist ein … angenehmer Mensch: echt – äußerst – sehr – ganz – nicht so – kein – überhaupt kein.
Er ist ein … miserabler Gastgeber: total – äußerst – ziemlich – ganz – relativ.

Wenn bestimmte Adverbien nicht möglich sind, können Sie Gründe dafür nennen? Wenn Sie dazu Gelegenheit haben, diskutieren Sie darüber mit Deutschsprachigen.

A 10

gar nicht so übel: ziemlich gut – **nicht ohne Charme:** ziemlich/sehr charmant; vielleicht soll aber ironisch genau das Gegenteil gesagt werden: völlig uncharmant – **nicht ohne Konsequenzen:** man droht schlimme, gravierende Konsequenzen an – **kein Unglück:** es ist nicht so schlimm, wenn … – **nicht ohne Bitterkeit:** ziemlich bitter, mit sehr schlechten Gefühlen – **durchaus nicht unüblich:** ziemlich üblich, es kommt oft vor – **ganz interessant:** hier kann (mit Understatement) das Gegenteil gemeint sein: eher uninteressant, nichts Besonderes – **etwas pünktlicher:** gemeint ist mit diesem warnenden Ratschlag: pünktlich – **nicht gerade der hellste Kopf:** ziemlich dumm – **unser Super-Wissenschaftler:** ironisch: jemand, der nichts kapiert oder der alles falsch macht – **ein Könner:** ironisch: ein Nichtskönner – **nicht die schlechteste Politik:** eine ziemlich gute Politik

Die Zukunft unserer Erde ist nicht ungefährdet. – Ich kann nicht abstreiten/leugnen, dass ich mich geirrt habe. – Die Verschwendung von Rohstoffen darf nicht so weiter-gehen/darf nicht fortgesetzt werden. – Es ist nicht zu bestreiten/Es kann nicht geleugnet werden, dass in vielen Ländern die Sexualmoral freier geworden ist. – Ich kann mich nicht daran erinnern, was wir miteinander besprochen haben. – Es ist unter Diplomaten durchaus nicht unüblich, so miteinander umzugehen.

A 11

Ich warne Sie, meinen Teddybär zu reizen. – Ich verbiete Ihnen, Kaugummis unter den Sitz zu kleben. – Ich lehne es ab, mit Ihnen über meine Orthographie zu diskutieren. – Er hat bestritten, etwas gesehen, gehört und gesagt zu haben.

Sie weigerte sich, den Vertrag zu unterschreiben. – Er bestritt absolut, das gesagt zu haben. – Sie gab vor, diesen Menschen noch nie in ihrem Leben gesehen zu haben. – Die Großmutter ermahnte Rotkäppchen, sich vor dem Wolf in Acht zu nehmen.

A 12

Nein, nein, wir sind schon fertig. – Um Gottes Willen, nein, wir machen so nicht weiter. – Doch, bestimmt, ich bin mit Ihnen sehr zufrieden. – Aber natürlich, es ist wunderbar und es steht dir ganz hervorragend.

A 14

1. Der Text von Ernst Jandl (1925-2000, österreichischer Schriftsteller und Sprachsatiriker) spielt zunächst mit den Konsonanten r und l verkehrte Welt; da „rechts" und „links" aber auch wichtige Orientierungen sind, um sich im alltäglichen Leben zurechtzufinden, außerdem Orientierungen im politischen Leben (rechts: konservativ, reaktionär, faschistisch; links: sozialdemokratisch, sozialistisch, kommunistisch), zeigt der Text auf witzige Weise das orientierungslose Herumstolpern der Menschen im Leben: Auch wer glaubt, die richtige Orientierung zu haben, hat vielleicht die ganz verkehrte.

2. Der Text von Karl Kraus (österreichischer Schriftsteller und Publizist, 1874-1936: Zeitschrift „Die Fackel"; Hauptwerk: „Die letzten Tage der Menschheit") macht sich über die Kombination von Pathos und Dummheit lustig. Der Satz ist absolut pathetisch formuliert, wie bei einer lauten Rede vom Podium herab, vor einem großen Publikum, wobei eigentlich Unsinn geredet wird, aber doch klar wird, dass die absolute Dummheit herrscht.

3. Der Text ist eine endlose Kette negativer Formulierungen aufgrund negativer Erfahrungen: nur träumen – alles nicht das Richtige – auch nicht mehr träumen – kein Film – Keiner wird klingeln – Prinzen gibt es nicht – keine Wunder – herabgekommene Wohnung – so wacht man auch auf – gibt es nicht – nichts – niemanden – nichts – niemanden. – Ob man (aus besserer Position) dieser Frau etwas sagen kann? Vielleicht: So wie Sie jetzt darüber sprechen, fangen Sie an, darüber zu schreiben. Gibt es Möglichkeiten der Solidarisierung? Kann man eine Öffentlichkeit für dieses Elend schaffen? Vielleicht haben Sie weitere Argumente.

4. Z.B.: „Mensch, Werther, lass dich doch nicht so hängen wegen dieser Frau. Schau mal, wie viele schöne junge Frauen es überall gibt, die vielleicht nur auf so einen intelligenten und sensiblen jungen Mann wie dich warten. Und was tut Lotte? Die sucht ja doch nichts anderes als bürgerliche Sicherheit an der Schulter ihres eher mittelmäßigen Mannes. Das wäre nichts für dich gewesen. Komm, Junge, draußen scheint die Sonne, und vor uns liegt ein schönes Leben." – Ulrich Plenzdorf (* 1934, populärer Autor und Filmemacher in der DDR, wurde mit seiner Goethe-Parodie „Die neuen Leiden des jungen W." von 1972 auch in Westdeutschland rezipiert, wo das Buch als überraschende Botschaft gelesen wurde, dass es in der DDR nicht nur Konformität, sondern eine vitale Jugendszene mit Spontaneität und eigenen Ausdrucksformen gibt) versetzt die leidenschaftliche und gefühlsbetonte Handlung von Goethes Novelle „Die Leiden des jungen Werthers", eine typische „Dreiecks-Geschichte", in die Erfahrungs- und Sprachwelt eines jugendlichen Arbeiters und „Aussteigers" am Stadtrand von Ost-Berlin.

5. Auch hier eine endlose Kette negativer Ausdrücke: Verdrängung – Kriegsneurose – Schuldbeschwichtigung – ruinierte Nerven – Impotenz … Der Text ist eine harte Kritik an der deutschen Nazi-, Mitläufer- und Kriegsgeneration und ihrem kollektiven Verhalten in der Nachkriegszeit (1945-1955). – Diese Aufgabe ist natürlich dann besonders fruchtbar, wenn Sie eine Gelegenheit haben, mit einem (inzwischen älteren oder alten) deutschen Zeitgenossen über die „Nachkriegszeit" zu sprechen, die für den jüngeren Autor Christoph Meckel (*1935), der in dieser Zeit und Atmosphäre aufgewachsen ist, eine Zeit „ohne Freude" war.

6. Die Botschaft von Herrn Keuner (in der Geschichte von Herrn Egge exemplarisch dargestellt) heißt: Wer politischen Widerstand leisten will, muss länger leben als die Gewalt, und dazu gehören Klugheit („Ich sprach mich für die Gewalt aus", die vorgegebene Servilität des Herrn Egge), Konsequenz („eines zu tun hütete er sich wohl: das war, ein Wort zu sagen") und sehr langer Atem („sieben Jahre lang"). – Die wichtigste Maßnahme gegen die Gewalt ist, sich selbst nicht zu verbiegen, sich – egal unter welchen Bedingungen – nicht korrumpieren zu lassen und zum Partner oder Mitläufer der Gewalt zu machen. – Zeichen der Illegalität: das Bedrohliche der Gewalt, vor der die Leute zurückweichen, der „Schein" des Agenten, ausgestellt von denen, die in der „Stadt" die Macht haben und mit dem er Herrn Egge zum Sklaven machen kann. „Zeit der Illegalität" ist hier eine Metapher für die Nazizeit in Deutschland. Allerdings beschreibt sie Bertolt Brecht eher mit komischen Bildern: Sessel, Essen, Dickwerden, Schlafen; und man kann daran zweifeln, dass jede Illegalität nach „sieben Jahren" einfach „herum" ist und der Agent (die Diktatur) quasi von selbst stirbt. Die Geschichte ist also ein politisches Märchen.

7. Der Text von Karl Valentin (1882–1948, Münchner Kabarettist, Komiker und Sprachgenie) tut – mit allen seinen unverständlichen Fachausdrücken (primös, Mibrollen, Vibromen, stixieren, Glydensäure, binock, Minilen, Nublition) – streng wissenschaftlich. Der schriftliche Argumentationsstil ist tadellos gelungen, man erahnt auch die erheblichen wissenschaftlichen Fortschritte der Regenforschung. Aber vermutlich führt es zu keinem Erfolg, den letzten Satz logisch korrekt verstehen zu wollen. Nehmen Sie ihn einfach so wie den ganzen Text: als totalen, aber herrlichen Blödsinn.

Orthographie 2: Setze Kommas, wenn es der Verständlichkeit dient.
Die wichtigste(n) Kommaregel(n)

A 1

1: Ich würde dir gerne schreiben, doch ich weiß nicht was. – Alle reden vom Wetter, wir nicht. – Die Konkurrenz schläft nicht, aber wir schlafen.

2: Ich weiß doch, dass ich recht habe. – Es ist richtig, diese Missstände öffentlich zu diskutieren. – Es kann doch nicht so schwierig sein (,) das zu verstehen.

3: Weil die Bernhardinerhunde zu viel getrunken hatten, rollten sie den Berg hinunter. – Wegen übermäßigen Alkoholkonsums der Bernhardiner im Dienst kam es zu einem Skandal. – Nachdem der endlos lange Vortrag zu Ende war, gab es auch noch eine zweistündige Diskussion. – Nach der Beendigung des Marathon-Vortrags kam es zu einer zweistündigen Diskussion.

4: Moritz Hahn, auf seinem Gebiet ein anerkannter Spezialist, hielt einen Vortrag über die Nudelkrise in der Europäischen Gemeinschaft. – Hintertupfingen, ein kleines bayerisches Nest, hat den diesjährigen Wettbewerb „Unser Dorf soll schöner werden" gewonnen.

Kapitel 6: Kleine Wichtigkeiten
es • sich • Pronomina • Kasus

A 1
Es ist weg.– Ich habe es/hab's getrunken. – Ich weiß nicht, wo es liegt.

A 2
… ich möchte es gern. – …, aber leider bin ich es nicht geworden. – Nein, ich hätte es nicht gewusst. – … Sie sehen, es ist ganz einfach.

A 3
Es/Das sind Strohhüte. – Das/Es ist eine italienische Spezialität. – Das/Es war Philipp Marlowe.

A 4
Manchmal ärgere ich mich darüber. – Herr Böse interessiert sich sehr dafür. – Ich kann mich noch sehr genau daran erinnern.

A 5
1. Heute schneit es. – Gleich regnet es. – Gleich donnert es. – Eben hat's geblitzt. – Hat es eben geklingelt? – Jetzt hat's gekracht.
2. Mir geht es gut. – Hier gefällt's mir nicht. – Mich juckt's am Rücken. – Mich friert (es). – Mir ist (es) kalt. – Mir hat's überhaupt nicht geschmeckt.
3. Heute gibt es keine Äpfel mehr zu essen. – Dabei handelt es sich um die Sache mit den gestohlenen Äpfeln. – Hier geht's um die Wurst. – Vor allem kommt es auf die Liebe an. – Bei ihm dreht sich alles um das liebe Geld.
4. Notwendig ist (es), sich den eigenen Standpunkt klarzumachen. – Bei dieser Aufgabe ist es nötig, auf das Wörtchen „es" zu achten. – Uns ist es selbstverständlich möglich, Ihnen zu helfen. Besonders ist es empfehlenswert, die Blumen regelmäßig zu besprühen. – Manchmal ist es nützlich, einen Rechtsanwalt zum Freund zu haben. – Warum ist es verboten, den Rasen zu betreten?
5. Heute habe ich es sehr eilig. – Mit Ihnen meine ich es immer noch gut. – Viel zu leicht haben Sie es sich gemacht! – Bei Ihnen möchte ich es nicht darauf ankommen lassen. – In meinem Leben habe ich es nicht sehr weit gebracht. – Mit seinem Nachbarn Herrn Streit hatte es sich Herr Böse gründlich verdorben. – Auf die Äpfel hatte er es abgesehen. – Niemals bringst du es auf einen grünen Zweig. – Vielleicht machen Sie es sich etwas zu leicht.

A 6
Mich ärgert (es), dass ich alles vergessen habe./Dass ich alles vergessen habe, (das) ärgert mich. – Mir ist (es) klar, dass ich alles noch mal von vorn beginnen muss./Dass ich alles noch mal von vorn beginnen muss, (das) ist mir klar. – Mir ist (es) völlig egal, wie du das machst./Wie du das machst, (das) ist mir völlig egal. – Wie du dich von anderen Leuten bedienen lässt, (das) macht mich noch wahnsinnig. Mich macht ('s, es) noch wahnsinnig, wie du …

A 7
Herr Streit ärgert sich (darüber), dass jemand seine Äpfel geklaut hat. – Ich achte darauf, nicht noch dicker zu werden. – Die Nilpferde wunderten sich (darüber), dass der Tourist so langsam war.

A 8
Es wird hier viel zu viel geredet. – Es ist heute kein einziger Hut verkauft worden. – Es ist zwischen ihnen kein einziges Wort gesprochen worden. – Es sollten in diesem Kapitel Sätze mit „es" gebildet werden.

A 9
Lassen Sie sich, wenn Sie Gelegenheit dazu haben, Ihre Beispielsätze von Deutschsprachigen durchsehen. Wir geben hier Beispielsätze zur Gruppe 8:
Es dreht sich alles um die Liebe. – Es handelt sich um ein ernstes Thema. – Es stellte sich heraus, dass der Gärtner der Mörder war. – Ohne Geld spielt sich hier nichts ab. – Die hohe Arbeitslosigkeit wirkt sich auch auf die Familien und die Schulen aus. – Die Schulden pro Kopf belaufen sich auf über 5.000 Euro. – Und dann bewahrheitete sich der Satz: „Von nichts kommt nichts". – Es ereigneten sich merkwürdige Dinge. – Aus allen Berechnungen ergab sich immer das gleiche Resultat: Wir sind pleite. – Dass jemand hohe Schulden hat, spricht sich schnell herum. – Diese Würstchen setzen sich zusammen aus je 50% Fett und Wasser. – Die Konkurrenz hat sich verschärft. – Meine Damen und Herren, Sie befinden sich auf dem Holzweg.

A 10
Wir können uns nicht miteinander einigen. – Sie haben einander gestern kennen gelernt. – Sie gehen sich gegenseitig auf die Nerven.

A 11
Sie zieht sich schon selbst an und aus./Sie kann sich schon selbst an- und ausziehen. – Sie kann sich schon selbst waschen. – …, macht sie sich selbst Schokoladenpudding mit dem Küchenmixer.

A 12
rechnet sich nicht: bringt keinen Profit, ist nicht rentabel – **sich erledigen:** von selbst verschwinden, sich in Nichts auflösen – **das gibt sich:** Die Probleme verschwinden, werden geringer.

A 13
Du bekommst den Comic, die Flasche Wein ist für dich; dir gehört das Matchboxauto, und für dich habe ich ein Mountainbike; die Schachtel Pralinen bekommst du, und dir gehört das Briefpapier, aber den Schokoladenosterhasen behalte ich für mich. Ach so, du bekommst noch ein Handy, und für dich habe ich noch ein Fotoalbum, und den Einkaufsgutschein über 100 Euro bekommt ihr alle zusammen.

A 14
A: Gehört dir das Handy? B: Ja, das gehört mir. C: Nein, stimmt ja gar nicht, das ist meins. D: Stimmt, es ist wirklich seins.
A: Gehört Ihnen das Auto? B: Nein, mir nicht, aber es gehört ihm da drüben. C: Richtig, das ist meins, worum geht es denn?

A 15
Wem gehört das? – Das gehört mir. – Wer ist da? – Ich./Ich bin's. – Das klingt nicht gut./Das klingt für mich nicht gut. – Kannst du mir das erklären?

A 16

Z. B. Sätze zu einem Abschied am Bahnhof: Wann soll ich dich abholen? Weiß ich noch nicht, ich ruf dich an. – Sag mal, liebst du mich eigentlich noch? Ja, du kannst mir vertrauen. – Kann ich dir wirklich glauben? Ja natürlich, mach dir darüber keine Gedanken. – Komm, küss' mich noch mal, schick' mich nicht so weg. Natürlich, du kannst dich immer auf mich verlassen. – Halt, noch eins, das hätt' ich fast vergessen: Willst du mich heiraten? Sag mal, machst du dich jetzt über mich lustig? – Nein, ich wollte dich auf jeden Fall schon mal fragen. Na ja, ich kann ja schon mal darüber nachdenken … etc.

Kapitel 7: Sätze über Sätze
Satzbau

A 1

1: Morgen möchte ich ganz lange im Bett bleiben. – Gleich frühstücken wir. – Auf der Titanic hatte der Heizer alle Hände voll zu tun. – Als Mr. Wade volltrunken schlief, wurde er erschossen.

2: Die Bernhardiner tanzten mitten auf dem Schneefeld einen Tango. – Mrs. Lennox wurde nach einem Schäferstündchen erschossen. – Ich habe jeden Morgen Probleme, aus dem Bett zu kommen. – Ich schlafe immer gleich ein, wenn ich dieses Fernsehprogramm sehe.

A 2

Wer ist erschossen worden? Mehrere Personen (sind erschossen worden). – Von wem sind mehrere Personen erschossen worden? Von verschiedenen Tätern (sind mehrere Personen erschossen worden). – Womit ist Mr. Wade erschossen worden? Mit einer 38er-Pistole (ist Mr. Wade erschossen worden). – Wer ist erschossen worden? Mr. Wade (ist erschossen worden). – Wo ist Mr. Wade erschossen worden? In Idle Valley (ist Mr. Wade erschossen worden). – Wer hält Mrs. Wade für mordverdächtig? Philipp Marlowe (hält Mrs. Wade für mordverdächtig). – Wen hält Philipp Marlowe für mordverdächtig? Mrs. Wade (hält Philipp Marlowe für mordverdächtig).

A 3

Völlig betrunken tanzten die Bernhardiner mitten auf dem Schneefeld einen Tango. – Natürlich gratulierten ihnen die Kinder zum Geburtstag. – Noch am gleichen Abend wurden sie wegen groben Unfugs aus dem Rettungsdienst entlassen. – Immer wieder haben die Nilpferde den Touristen mit ihrer Schnelligkeit genarrt. – So hatten sie an diesem Tag ein herrliches Vergnügen. – Auf jeden Fall hat ihnen der Wettlauf mit dem Touristen großen Spaß gemacht.

A 4

1: Der Tourist hatte es sich immer schon gewünscht. – Die Nilpferde haben es ihm nicht gegönnt. – Man sieht es ihnen gar nicht an.

2: Die Bernhardiner haben ihnen das Lawinenspiel gezeigt. Die Bernhardiner haben es den Leuten gezeigt. Die Bernhardiner haben den Leuten das Lawinenspiel gezeigt. – Man konnte ihnen ihren Spaß ansehen. Man konnte ihn/es den Bernhardinern ansehen. Man konnte den Bernhardinern ihren Spaß ansehen. – Man hatte uns die Bernhardiner als sehr zuverlässig empfohlen. Man hatte sie der Bergwacht als sehr zuverlässig empfohlen. Man hatte der Bergwacht die Bernhardiner als sehr zuverlässig empfohlen.

A 5

Satz 1, 2 und 5: „sich" steht vor den nominalen Satzteilen (kurz vor lang). **Satz 3 und 4:** N-Pronomen steht vor „sich".

A 6

Der **Beispielsatz** b beginnt mit Zeitangabe; hinter dem Verb: zuerst N, dann die Angabe näherer Bedingungen („Mo"), dann die Ortsangabe („Lo"). – **Satz 1:** hinter dem Verb „Te", „Mo", „Lo". – **Satz 2** beginnt mit Lokalangabe; hinter dem Verb: zuerst N, dann A. – **Satz 3:** hinter dem Verb „Te", „Lo", zuletzt A. – **Satz 4:** hinter dem Verb „Te", „Mo", zuletzt A – **Satz 5** beginnt mit Modalangabe, hinter dem Verb N und „Lo" als kurze Wörter, dann „Te" (lang) und A.

A 7

Satz 1 (Beispielsatz): 1. = Vergleich –
Satz 2: 2. = Infinitivsatz – **Satz 3:** 3. = Aufzählung –
Satz 4: 1. = Vergleich – **Satz 5:** 4. = Pathos

A 8

Gruppe 1:

1. b) Aufgrund seiner intensiven Recherchen fand der Detektiv Marlowe die Lösung. c) Weil Marlowe richtig kombiniert hatte, konnte der Fall aufgeklärt werden. (Auf Platz 1 eine nominale Angabe, dann folgt das Verb ohne Komma.)

2. a) Dass du ihr das nicht gesagt hast, finde ich nicht gut. c) Seine Fehler einzugestehen fällt ihm sehr schwer. (Auf Platz 1 steht ein Neben- oder Infinitivsatz, dann folgt auf Platz 2 das Verb, beim Nebensatz nach einem Komma, beim Infinitivsatz kann man es setzen oder weglassen.)

3. a) Herr Valentin ging gestern in ein Hutgeschäft. c) Ich habe leider kein Geld. (Am Ende stehen Prädikatsteile, die eng zum Verb gehören: in ein H. gehen, kein Geld haben; andere Angaben stehen davor.)

4. a) Sie hat sich immer für Literatur interessiert. c) Der Fehler ist mir schon wieder passiert, weil ich mich nicht an die Regeln erinnern kann. (Die kurzen Pronomina stehen hinter dem Verb vor den längeren Satzteilen.)

5. b) Ich habe dich nicht danach gefragt. c) Sie dürfen mir gerne eine Tasse Kaffee anbieten. (kurz vor lang)

Gruppe 2 (richtig ist):

1. a) Die Sache kam ins Rollen, weil die Bernhardiner Geburtstag hatten. (In der Schriftsprache steht in weil-Sätzen das Verb am Ende; in mündlicher Sprache ist die Wortstellung von Satz c) üblich; weil-Sätze sollte man nicht in andere Sätze „verschachteln".)

2. c) Ich wusste nicht, dass du das warst. (In dass-Sätzen steht das Verb am Ende; vor „dass" steht ein Komma.)

3. c) Das ist das, was ich gesagt habe. (Oder: Genau das habe ich gesagt.) (In dem was-Satz steht das Verb am Ende; die Fehler ergeben sich aus der direkten Übertragung aus dem Englischen.)

4. b) Dort drüben läuft das Pferd, das mein Esszimmer tapezieren soll. (Man darf das Relativpronomen „das" nicht mit der Konjunktion „dass" verwechseln.)

5. c) Ich habe gehört, dass Bernhardinerhunde Tango tanzen können und dann die Berge hinunterrollen. (Auch bei einer Folge von zwei dass-Sätzen muss jeweils das Verb am Ende stehen.)

6. c) Pferde sollten nicht tapezieren, weil es ein Chaos gibt, wenn sie das tun. (Wenn man zwei Sätze mit „weil" und „wenn" ineinander schiebt, gibt es meist ein Chaos, auch wenn diese Argumentationsweise in anderen Sprachen und auch in der deutschen Alltagssprache vorkommt.)

7. b) Das Pferd gab Tipps, die man beachten soll, um ein Esszimmer zu tapezieren. (Auch „Verschachtelungen" von Relativ- und Konjunktionalsatz führen zu Formulierungsschwierigkeiten.)

A 9

1. Eine Reihe von Morden wurde begangen. – Verschiedene Täter haben die Morde begangen. – Sylvia Lennox, Mr. Wade und Mrs. Wade haben die Täter ermordet. – Lennox und Mr. Wade wurden erschossen. – Mrs. Wade nahm zu viel Schlaftabletten. – Lennox wurde in Encino und Wade wurde in Idle Valley erschossen. – Mit einer 38er-Pistole wurden sie erschossen. …

Zweifellos wirken die Antworten in ganzen Sätzen pedantischer und realitätsfremder, vor allem wenn dadurch keine neue Information vermittelt wird.

2. **Text 1:** Die Bürgerinnen und Bürger der Deutschen Demokratischen Republik geben sich diese Verfassung.
Text 2: Die Bundesrepublik Deutschland und die Deutsche Demokratische Republik sind übereingekommen, einen Vertrag über die Herstellung der Einheit Deutschlands mit den nachfolgenden Bestimmungen zu schließen: …

Durch vorangehende oder eingeschobene Häufung der historischen und politischen Voraussetzungen dieser politischen Akte (Verfassung, Gesetz) wird das Besondere, das Einmalige dieser historischen Handlungen hervorgehoben; der pathetische Klang eines solchen Textes ist gewollt. Die Kollektive (Staatsvolk der DDR, die beiden Regierungen) handeln erst (das Verb folgt sehr spät im Text) dann, wenn alle notwendigen und wichtigen Voraussetzungen geklärt sind.

3. „Da die Koffer nun bereit waren, REISTE er AB, nachdem er seine Mutter und Schwestern geküsst" … .

Man braucht also nur den trennbaren Verbteil nach vorn zu ziehen.

Orthographie 3: Lange Vokale, kurze Vokale, reduzierte Vokale
Zur Schreibweise und Aussprache der Vokale

A 1

Weeeeeh miiiiiir, ich armer Tooooor, ich bin verlooooooren, ooooh wäääääär' ich niiiiie geboooooooren! – Sooooo viiiiiele müüüüüüde Schüüüüüler in der Schuuuuule. – Diiiiie Seeeeeelen der Tooooooten schweeeeeeben im Neeeeeebel üüüüüüber deeeeeem Seeeee.

A 2

kurz:	glücklich – Hütte – füllen – Mütter – Münster – München – Müller
lang:	Hüte – führen – müde – Schüler – Süden
kurz:	unten – (Schul)bus – Hund – munter – bunt – kurz – Kunden
lang:	Ufer – Schul(bus) – Ruhe – Betrug – Huhn – Schule – suchen
kurz:	öffnen – können – möchte – Löffel – Töpfchen – Köpfe
lang:	Söhne – König – schön – Töne – mögen
kurz:	offen – hoffen – Stoff – Socken – Sonntag – konnte – locker
lang:	oben – holen – Stoß – Sohn – Ton – loben
kurz:	Männer – kennen – hätte – wenn – Wetter
lang /e:/:	Meer – mehr – Leben
lang /ɛ:/:	Mädchen – Rätsel – käme – wählen

A3

Auch die liebm siebm Schwabm fahr'n gern nach Badn-Badn, um zu spiel'n, um zu badn. – Ich wollt' mit dem schön'n Mädchn tanzn, aba die bösn Bubm habm mich rausgeworfn. – Im Novemba waa das Wetta in Oba'ammagau viel netta als das Wetta im Dezemba. (Vergleichen Sie auf den Seiten 249/250 die Phonemtabelle in „Grammatik aus dem Katalog", Liste 11 und Kap. 19, A 2, 3 und 5; bei dem hier wiedergegebenen -a im Silbenauslaut handelt es sich um das „vokalische r1", das Phonem /ɐ/.)

Kapitel 8: Zwischen den Sätzen
Konjunktionen

A 2

Herr Böse schimpfte, und/aber/doch Herr Streit wurde böse (bei „und" können Sie das Komma weglassen). – Ich bin nicht verrückt, aber/sondern Sie. – Jetzt ist die Situation schwierig, doch/aber wir wollen nichts unversucht lassen. – Wir brauchen ein paar mutige Leute, d.h./bzw. einer wäre schon sehr gut. – Wir müssen uns entschuldigen, d.h./bzw. ich muss das wohl selber machen.

A 3

Du kannst gehen, wenn du willst, aber ich muss noch bleiben. – Ich habe den Streit nicht angefangen, sondern Sie. – Bis jetzt hat es noch nicht funktioniert, aber es kann ja noch kommen. (Bearbeiten Sie auch noch einmal Aufgabe 5 in Kapitel 5, ➤ S.64)

A 4

1: Du musst zugeben, dass du dich geirrt hast. – Es ist mir nicht bewusst, dass ich mich geirrt habe. – Ich finde es unmöglich von dir, dass du mich hier eine Stunde warten lässt. – Ich hoffe, dass ich gegen sechs Uhr zurück bin.

2: Herr Böse gibt zu, gerne Äpfel zu stehlen. – …, Herrn Böse ärgern zu können. – …, ihn einmal zu besuchen. …, Sie schon einmal gesehen zu haben. (Wir empfehlen generell, bei längeren Infinitivsätzen Komma zu setzen; ➤ Orthographie 2, S. 68.)

A 5

Es ist nicht korrekt, die Äpfel beim Nachbarn zu stehlen. – …, sich einen eigenen Apfelbaum zu pflanzen. – Es ist nicht so schlimm, Äpfel geklaut zu haben. – Mir ist klar, den Schaden ersetzen zu müssen. – …, einen höheren Gartenzaun zu bauen.

A 6

Ich kann nicht darauf verzichten, täglich einen frischen Apfel zu essen. – Unser Nachbar träumt davon, einen eigenen Obstgarten zu besitzen. – Ich habe lange darüber nachgedacht, warum er den Diebstahl begangen hat/warum er geklaut hat. – Ich möchte mich dafür entschuldigen, die Äpfel gestohlen/geklaut zu haben.

A 7

1: Es steht noch nicht fest, wie ich mich entscheide/entscheiden werde. – Es ist noch völlig ungewiss, ob wir teilnehmen (oder nicht). – Es ist nicht sehr populär, Herr Bundeskanzler, die Steuern zu erhöhen.

2: Ich habe die Bedeutung des Wortes Diebstahl (die Bedeutung von „klauen") nicht verstanden.– Ich kenne (!) ihren Namen noch nicht. – Ich empfehle Ihnen einen Urlaub.

A 8

Wir bringen nicht alle Varianten, die möglich sind, geben jedoch die entsprechenden Zahlen (1-5) aus „Grammatik im Kasten" an (➤ GiK 3, S. 90/91).

1. Ich hoffe, dass Sie nie wieder meine Äpfel klauen (1)./Ich hoffe, Sie klauen nie wieder meine Äpfel (3). – Ich hoffe, mich richtig zu entscheiden (2, auch 1)./Ich hoffe, ich entscheide mich richtig (3). – Ich hoffe, dass Sie sich richtig entscheiden (1)./Ich hoffe, Sie entscheiden sich richtig (3).

2. Ich versuche, wenig Fehler zu machen (2). – ..., dich morgen anzurufen (2). – ..., die richtige Entscheidung zu treffen (2).

3. Ich meine, Sie sollten in Zukunft keine Äpfel mehr stehlen (3, auch 1). – Ich denke, dass Sie sich bei Herrn Böse entschuldigen sollten (1)./Ich denke, Sie sollen sich ... entschuldigen (3). – Ich glaube, wir sollten uns wieder vertragen (3, auch 1).

4. Ich ärgere mich darüber, zu viel für die Äpfel bezahlt zu haben (2, auch 1). – ..., dass du zu spät gekommen bist (1). – ..., zu spät gekommen zu sein (2, auch 1).

5. Ich weiß nicht, wo es billige Äpfel gibt (5). – ..., wie das Wetter morgen wird (5)./.., ob das Wetter morgen gut oder schlecht wird (4). – ..., was diese Zeichen hier bedeuten sollen (5).

6. Ich möchte wissen, wo man in kurzer Zeit Deutsch lernen kann (5). – ..., warum Sie den Baum umgesägt haben (5). – ..., wie Sie heißen, wann Sie geboren sind, wo Sie wohnen und wie viel Uhr es ist (5).

7. Ich wundere mich darüber, dass alle in Deutschland so schnell fahren (1)./..., warum alle in Deutschland so schnell fahren (5). – ..., dass ich alles richtig gemacht habe (1)./..., alles richtig gemacht zu haben (2). – ..., wieso du alles richtig gemacht hast (5, auch 1).

8. Ich freue mich darüber, jetzt ein eigenes Haus mit Garten zu haben (2, auch 1). – ..., dass wir jetzt ein eigenes Haus mit Garten haben (1, auch 2). – ..., der Nachbar hat überhaupt nichts gemerkt (3, auch 1).

9. Er behauptet, alles richtig gemacht zu haben (2, auch 1 und 3). – ..., dass er von gar nichts gewusst hat (1, auch 2 und 3). – Ich behaupte, dass Sie die Äpfel geklaut haben (auch 3).

10. Ich gebe zu, die Äpfel geklaut zu haben (2, auch 1 und 3). – ..., dass das ein Irrtum war (1)./.., das war ein Irrtum (3).

A 9

(Jedesmal/Immer) wenn es Frühling wurde, freute sich Herr Böse über den blühenden Baum./Als es Frühling wurde, freute sich Herr Böse über den blühenden Baum. – (Immer) wenn der Baum blühte, wurde Herr Streit täglich nervöser./Als der Apfelbaum blühte, wurde ... – Als Herr Böse den Baum umhackte, schaute Herr Streit irritiert aus dem Fenster. – (Immer) wenn sich Herr Böse und Herr Streit im Supermarkt treffen, sind sie sehr freundlich zueinander.

A 10

1: Als du mich das letzte Mal besucht hast, hast du viel besser ausgesehen. – Wenn/Während das Flugzeug startet, ist das Rauchen untersagt. – Man darf die Türen nicht öffnen, bevor der Zug hält. – Bis die nächste Sendung beginnt, zeigen wir Ihnen einen Pausenfilm. – Seit wir uns das letzte Mal getroffen haben, hat sich bei mir viel verändert.

2: Bei dieser traurigen Sachlage kann ich auch nichts mehr machen. – Während des Liebesfilms haben sie die ganze Zeit Nüsschen geknackt. – Nach (Ende) der Vorstellung

kann man noch mit dem Regisseur diskutieren. – Seit deiner Rückkehr aus dem Urlaub gab es nichts als Ärger. – Vor (d)einer Entscheidung solltest du dir das noch mal ganz genau überlegen.

A 12

Als – bis – Seit – vorher/davor – solange/während – Sobald – Immer/Jedesmal wenn – Bevor/Ehe/wenn du schon – nachdem – danach

A 13

..., weil/da es keine Heinzelmännchen mehr gibt. – ..., da/weil alles gut geraten war. – ... unzufrieden, weil/da der Mensch schlecht geworden ist.
Man kann auch mit dem weil-/da-Satz beginnen: Weil es keine Heinzelmännchen mehr gibt, ist die Arbeit mühsam.

A 14

..., denn es gibt keine Heinzelmännchen mehr. – ..., denn alles war gut geraten. – ..., denn der Mensch ist schlecht geworden.

A 15

Wir bringen nicht alle Lösungen, die möglich sind. Die Konjunktionen können vor oder hinter dem Verb stehen.
Ich liebe die Natur; deshalb/darum/deswegen/aus diesem Grund klaue ich Äpfel beim Nachbarn. – Ich kann kein Blut sehen; ich kann den Mann aus diesem Grunde gar nicht ermordet haben. – Du kannst Fehler zugeben, deswegen mag ich dich.

A 16

1: Weil Sie immer wieder Äpfel gestohlen haben, werden Sie zu zwei Wochen Gartenarbeit verurteilt. – Weil ich mich über euer wunderschönes Geschenk freue, spendiere ich ... – Weil Sie spontan bereit waren, uns zu helfen, haben wir das Schlimmste hinter uns.

2: Aus Übermut haben die Bernhardiner den Rum ausgesoffen. – Wegen/Aufgrund/Infolge der Lawinengefahr in Oberammergau kommt Hans ... – Das Pferd darf wegen fehlender Berufserfahrung mein Zimmer nicht tapezieren

A 17

Der obwohl-Satz kann vorne oder hinten stehen (wir geben nur eine Variante an).
Wir machen jetzt das Lawinenspiel, obwohl es eigentlich verboten ist. – Obwohl der Tourist schnell gerannt ist, konnte er die Nilpferde nicht fotografieren. – Obwohl ich es schon dreimal nicht geschafft habe, versuche ich es ein viertes Mal.

A 18

„trotzdem" kann vor oder hinter dem Verb, das auf Platz 2 steht, stehen. Wir geben nur eine Variante an.
Das Lawinenspiel ist eigentlich verboten, aber wir machen es trotzdem. – Der Tourist ist schnell gerannt; trotzdem konnte er die Nilpferde nicht fotografieren. – Ich habe es schon dreimal nicht geschafft; ich versuche es trotzdem ein viertes Mal.

A 19

1: ..., obwohl das streng verboten war. – Obwohl sich der Tourist sehr bemüht/angestrengt hat, konnte er ...

2: Trotz (der) Straßenglätte sind alle ... – Trotz seiner Bemühung, langsam zu sprechen, verstand ihn niemand.

A 20

Er fing an zu weinen, ohne dass er wusste warum/ohne zu wissen warum. – …, ohne dass ein Nilpferd zu sehen war. – …, ohne dass wir ein Wort miteinander gesprochen hatten/ohne ein Wort miteinander gesprochen zu haben.

A 21

1: Ich habe wochenlang Zeitungsanzeigen studiert, damit ich eine Wohnung finde. – …, damit ich noch Theaterkarten bekomme. – …, damit er die Nilpferde fotografieren konnte.

2: …, um besser Deutsch zu lernen. – …, um verunglückte Bergsteiger retten zu können. – …, um besser fernsehen zu können.

A 22

1: …, (nur) um sich die Zeit zu vertreiben. – Um mich zu entspannen, höre ich mir … – Damit sie sich versöhnen, … / Um sich zu versöhnen, …

2: Zum besseren Verständnis lese ich … – Kaufen Sie zur Stromersparnis (zum Stromsparen) Energiesparlampen. – Zur Erinnerung schenke ich …

A 23

Ruf mich an, wenn/falls du meine Hilfe brauchst. – Wenn/Falls wir nach Sizilien fahren, darf das Auto aber nicht kaputt gehen. – Falls/Wenn Ihr Abflussrohr einmal verstopft sein sollte, können Sie uns unter der Nummer 13-00-13 anrufen.

A 24

Wenn ihr Lust habt, machen wir einen Betriebsausflug. – Herr Valentin kauft nur dann einen Hut, wenn er feuerfest ist. – Falls Sie am Wochenende nichts anderes vorhaben, kommen Sie doch zu unserer Gartenparty.

A 25

1: … nur unterscheiden, wenn man genau hinsieht. – …, falls Sie verschwiegen sind. – Falls es eine Störung gibt, rufen Sie …

2: Bei Aufleuchten des roten Lämpchens überprüfen Sie … – Im Falle eines Großfeuers sind Strohhüte gefährlich. – Mit (dem) Abitur ist man …

A 26

Ich versuche, mir das Rauchen abzugewöhnen, indem ich viel Schokolade esse. – Ich habe dadurch so günstig eingekauft, dass ich die Preise verglichen habe. – Dadurch, dass man/Indem man langsamer fährt, kommt man möglicherweise schneller ans Ziel.

A 27

1: Dadurch, dass ich lange gezögert habe, wurde … – Indem er genau nachdachte, konnte Philipp …

2: Nur durch tägliches Üben macht man … – Infolge des schnellen Untertauchens der Nilpferde hatte der Tourist …

A 28

Die Kinder waren sehr schmutzig, so dass sie in die Badewanne mussten./Die Kinder waren so schmutzig, dass sie … – …, so dass sie ihre Dienstvorschriften vergaßen. – Gott sah, dass alles so gut geraten war, dass er sich einen freien Tag nahm.

A 29

…; also/folglich mussten sie in die Badewanne. – …; infolgedessen vergaßen sie ihre Vorschriften. – …; also nahm er sich einen freien Tag.

A 30

Die Nilpferde waren zu schnell, als dass der Tourist sie hätte fotografieren können./… so schnell, dass der Tourist sie nicht fotografieren konnte. – Der Apfel war so schön, dass Schneewittchen nicht widerstehen konnte./Der Apfel war zu schön, als dass Schneewittchen hätte widerstehen können. – Herr Valentin war so wählerisch, dass er sich nicht für einen Hut entscheiden konnte./… war zu wählerisch, als dass er sich für einen Hut hätte entscheiden können.

A 31

Weil sie so talentiert war, machte sie …/Sie war sehr talentiert, so dass sie … machte. – Weil er in Geldangelegenheiten leichtsinnig war, musste …/Der Ministerpräsident war in Geldangelegenheiten so leichtsinnig, dass er … musste. – Weil sie unversöhnlich waren, wurde …/Sie waren so unversöhnlich, dass die … beeinträchtigt wurde.

A 33

1: Solange nicht wirklich stichhaltige Beweise für die Vorwürfe gegen Herrn Müller vorliegen, werden wir von seiner Integrität ausgehen. – Nachdem wir jetzt die unterschiedlichen Standpunkte gehört haben, kommen wir dennoch nicht daran vorbei, uns eine eigene Meinung zu bilden. – Ich stehe zu meiner Handlung, gleichgültig (egal) ob sie (das) nun für mich von Vorteil ist oder nicht.

2: Herr Meier kann zur Tatzeit nicht am Tatort gewesen sein, es sei denn, er besitzt einen Privathubschrauber. – Diese Tat ist scharf zu missbilligen, sei sie nun aus Berechnung oder nur aus Leichtsinn begangen worden. – Es gibt für Ihren Vorschlag wirklich sehr gute Argumente. Wie dem auch sei, ich kann mich nicht entschließen, meine Zustimmung zu geben.

A 34

1. Sie stehen vor dem Affenhaus und gucken den Affen beim Spielen zu. Dann brüllt Sofie: „Guten Tag, du Affe!", worauf Papa zusammenzuckt, und auch ein anderer Mann, während zwei Frauen sich zu Sofie umdrehen. Daraufhin zieht Vater Sofie weg und sagt leise, dass man Affen nicht begrüßt, weil sie ja nicht antworten können. Daraufhin sagt Sofie: „Dann ist Herr Schneider auch ein Affe." Aber Vater meint, so etwas könne man doch nicht sagen. Aber Sofie bleibt dabei mit der Begründung, dass der auch nicht antwortet, wenn sie guten Tag sagt. Also sei er ein Affe. Daraufhin lacht endlich auch Vater.

2. Wegen eines genau auf der Grenze zwischen zwei Gärten stehenden Apfelbaums ist ein über mehrere Jahre andauernder Nachbarschaftsstreit ausgebrochen. Zur Zeit der Obstreife im Oktober vor mehreren Jahren erntete der eine Nachbar, ein Herr B., im Schutze der Dunkelheit mit Hilfe einer Leiter den ganzen Baum leer, so dass dem Nachbarn, einem Herrn S., am nächsten Tag kein einziger Apfel mehr übrig blieb. Der jedoch schwor Rache und pflückte im nächsten Jahr sämtliche Äpfel trotz ihrer mangelnden Reife schon im September ab, woraufhin der nun seinerseits auf Rache sinnende Herr B. den Erntetermin ein Jahr später schon in den August vorverlegte, als die Äpfel noch ganz grün und hart waren. Damit war der Streit

keineswegs beendet, denn in den beiden Folgejahren waren zuerst im Juli, im nächsten Jahr dann schon im Juni trotz ihrer Ungenießbarkeit alle Äpfel vom Baum verschwunden. Ein weiteres Jahr später schlug Herr S. schon im Mai sämtliche Blüten ab. Infolgedessen konnte der Baum überhaupt keine Früchte mehr tragen, woraufhin noch ein Jahr später Herr B. bereits im April den Baum mit einer Axt umschlug, wobei er überzeugt war, dies sei nun die richtige Strafe für seinen Kontrahenten S. In Wirklichkeit hatte die jahrelange Unversöhnlichkeit der beiden Streithähne lediglich zur Folge, dass sie sich von da ab häufiger im Laden beim Äpfelkaufen trafen.

3. Der Text von Christoph Meckel ist eine Folge von sechs wenn-Sätzen; gemeint ist: immer wenn, jedesmal, nicht nur einmal. Gleichgültig, wie spontan, wie glücklich die Kinder nach Hause kamen, sie wurden jedesmal und sofort in ihrer Spontaneität und ihrem Glück von der autoritären Erziehungsroutine des Vaters gestoppt: Dann war der Zauber nach einer Stunde vorbei, das Symbol für diese Zerstörung: das Badewasser.

4. Er wusste, der Mond kreist um die Erde und hat kein Gesicht, das sind keine Augen und Nasen, sondern Krater und Berge. Er wusste, es gibt Blas-, Streich- und Schlaginstrumente. Er wusste, man muss Briefe frankieren, rechts fahren, Fußgängerstreifen benützen und man darf Tiere nicht quälen. Er wusste, man gibt sich zur Begrüßung die Hand, man nimmt den Hut bei der Begrüßung vom Kopf. Er wusste, sein Hut ist aus Haarfilz und die Haare stammen von Kamelen. Er wusste, es gibt einhöckrige und zweihöckrige Kamele, man nennt die einhöckrigen Dromedare, Kamele gibt es in der Sahara und in der Sahara gibt es Sand. Das wusste er.

Kapitel 9: Was die anderen sagen
Indirekte Rede und Konjunktiv I

A 2
es gehe – wir wüssten – ich dürfe – man brauche – Sie hätten – du wüsstest – wir könnten – man müsse – man verstehe – Sie seien – sie wollten – man habe – sie solle – man nehme – es gebe – ihr müsstet – du sei(e)st – sie würden verlieren

A 3

er/sie/es/man:	sei gekommen – habe geschrieben – habe gewusst – sei gewesen – habe gehabt
sie/Sie:	seien gekommen – hätten geschrieben – hätten gewusst – seien gewesen – hätten gehabt
du:	sei(e)st gekommen – hättest geschrieben – hättest gewusst – sei(e)st gewesen – hättest gehabt
ihr:	sei(e)t/wär(e)t gekommen – hättet geschrieben – hättet gewusst – sei(e)t/wär(e)t gewesen – hättet gehabt
ich:	sei gekommen – hätte geschrieben – hätte gewusst – sei gewesen – hätte gehabt
wir:	seien gekommen – hätten geschrieben – hätten gewusst – seien gewesen – hätten gehabt

A 4
ich sei gewesen – man mache – sie hätten geantwortet – sie seien gekommen – es habe gegeben – es sei gelungen – ich wisse nichts – er habe kein Geld gehabt – er habe es gewusst – es gehe nicht – wir seien gewesen – sie hätten nichts wissen können

A 6
Schließlich gab er zu, er könne sich sehr genau an diesen Tag erinnern. – Er sagte mir, er habe meine Gedichte gelesen. Sie seien schöner als seine eigenen. Auch seiner Frau hätten sie sehr gut gefallen. – Er sagte, ab und zu vergesse er seine ökologischen Prinzipien und fahre völlig zwecklos mit dem Auto durch die Gegend. – Sie sagte zu mir, ich sei ein großer Dummkopf. – Der Pfarrer sagte, wir seien alle Sünder und unser Leben sei ein Jammertal.

A 7
1: Sie erzählte atemlos, dass sie nach Kanada auswandern wollten. – Sie betonte auch, dass dies der letzte Besuch in ihrer Heimatstadt sei. – Sie fügte hinzu, dass dies der Preis der Freiheit sei.

2: Die Katze sagte, die Maus solle in die andere Richtung laufen. – Die Maus glaubte, dies sei der Weg in die Freiheit.

A 8
Er sagte, er komme pünktlich um vier Uhr und bringe seine ganzen Arbeitsunterlagen mit (werde … mitbringen); er habe bis ungefähr sechs Uhr Zeit und müsse dann zu einem anderen Termin.

A 9
Dann wollte sie plötzlich wissen, ob er ihr die Wahrheit gesagt habe. – Mein Arzt fragte mich, ob ich immer noch so viel rauchen und trinken würde. – Mein kleiner Sohn fragte mich, ob sich die Sonne um die Erde drehe oder ob es umgekehrt sei. – Kasperle fragte die Kinder, ob sie alle dabeigewesen seien, als der Teufel die Großmutter geholt habe.

A 10
Der Chef fragte mich, wieso ich erst so spät gekommen sei. – Ich fragte ihn dann, aus welchem Grund er mich denn herbestellt habe. – Er fragte sie streng, wo sie gewesen sei. – Sie fragte kalt zurück, was ihn das angehe.

A 11
Und dann sagte mein Chef zu mir, ich müsse/solle am nächsten Tag Dienst machen. – Die Lehrerin rief, sie/wir sollten aufhören, einen solchen Lärm zu machen. – Sie sagte mit nachdrücklicher Stimme, ich/er solle das (bitte) machen, sonst könne es (ja doch) keiner. – Als wir endlich an der Reihe waren, sagte der Beamte, es sei jetzt/er habe jetzt Mittagspause und wir sollten sein Büro verlassen.

A 12
Bilden Sie eigene Beispielsätze und diskutieren Sie sie, wenn Sie Gelegenheit dazu haben, mit Deutschsprachigen. Hier sind vier Beispiele jeder Gruppe (die vier letzten Verben von Gruppe 1 und die vier ersten Verben der Gruppe 2):

1: Er vermute wohl, ich hätte ihn bei anderen denunziert. – Nach mehreren Jahren des beruflichen Erfolgs und der öffentlichen Karriere hatte er das Gefühl, er habe etwas in seinem Leben falsch gemacht. – Die Zeugen erklärten übereinstimmend, es seien zwei Gangster gewesen, einer mit einem Motorradhelm, der andere mit einer Mütze über dem Kopf. – Sie war der Meinung, sie werde von ihren Kollegen gemobbt.

2: Er gab an, er sei von einer unbekannten Person überfallen worden. – Er betonte mit Nachdruck, er habe von der ganzen Sache nichts gewusst. – Es stellt sich die Frage, warum keiner aus unserem Team die negative Entwicklung rechtzeitig bemerkt habe. – Es heißt, Deutsch werde auch in Zukunft internationale Wissenschaftsprache bleiben, jedoch nur noch in bestimmten geistes- und kulturwissenschaftlichen Fächern.

A 13

Er behauptete, er wäre angeblich den ganzen Abend im Büro gewesen. – Viele haben sich dann später damit herausgeredet, sie hätten von der ganzen Geschichte gar nichts gewusst. – Er sagte doch tatsächlich, er hätte noch nie in seinem Leben die Unwahrheit gesagt. – Schon im letzten Jahr hat er mir versprochen, ich würde das Geld in zwei Wochen zurückbekommen.

A 14

Cäsar sagte, schon am folgenden Morgen werde er alle seine Feinde besiegen. – Cäsar sagte zu Kleopatra, am Abend werde sie noch eine große Überraschung erleben. – Cäsar sagte, genau an dieser Stelle wolle er für sich eine Siegessäule bauen. – Als er in Hawaii ankam, sagte er im gleichen Moment, da gefalle es ihm.

A 15

Er sagte, das mache er auf keinen Fall. – Sie sagte, das sei (alles) gar nicht so schlimm. – Er rief, das sei doch ganz hervorragend für sie (uns).

A 16

Herr Valentin betrat einen Hutladen und ging sofort auf eine Verkäuferin zu, die ihn mit einem ‚Guten Tag' begrüßte und sich nach seinem Wunsch erkundigte. Valentin sagte, er wolle sich nach einem Hut umsehen. Auf die Frage, was das für ein Hut sein solle, erwiderte er, er wünsche einen Hut zum Aufsetzen. Die Verkäuferin gab zu bedenken, dass man Hüte nicht anziehen könne, sondern immer aufsetzen müsse. Als Erwiderung gab Valentin zu bedenken, dass man Hüte nicht immer aufsetzen könne, zum Beispiel in der Kirche, wo das nicht erlaubt sei. Den Einwand der Verkäuferin, der Herr gehe ja nicht immer in die Kirche, konterte Valentin mit einem kurzen ‚Nein, nur da und hie', worauf die Verkäuferin korrigierend sagte, es müsse ‚hie und da' heißen. Ja, meinte Valentin bestätigend, er wolle einen Hut zum Auf- und Absetzen. (…)

A 17

(1) Franz Kafka schreibt, die Maus habe gesagt, die Welt werde immer enger mit jedem Tag. Zuerst sei sie so breit gewesen, dass sie Angst gehabt habe. Sie sei weitergelaufen und glücklich gewesen, dass sie endlich rechts und links in der Ferne Mauern gesehen habe, aber diese langen Mauern würden so schnell aufeinander zu eilen, dass sie schon im letzten Zimmer sei, und dort im Winkel stehe die Falle, in die sie laufe. – Sie müsse nur die Laufrichtung ändern, habe die Katze gesagt und habe die Maus aufgefressen.

(2) Ich las, Herr B. sei ein guter Schüler gewesen. Er habe es geliebt, seine Aufsätze mit Goethe-Zitaten zu belegen, um seinen Ansichten einen größeren Nachdruck zu verleihen. Die Zitate habe er selber erfunden. Trotzdem sei er nie aufgefallen, weil kein Lehrer habe zugeben wollen, dass ihm ein Goethe-Zitat unbekannt (gewesen) sei.

(3) Bertolt Brecht schreibt, Herr Keuner sei mit seinem kleinen Sohn auf dem Land gewesen. Eines Vormittags habe er ihn in der Ecke des Gartens getroffen. Der Junge habe geweint. Da habe ihn Herr Keuner nach dem Grund des Kummers gefragt, habe ihn erfahren und sei weitergegangen. Als er zurückgekommen sei und der Junge immer noch geweint habe, habe er ihn zu sich gerufen und ihn gefragt, was es denn für einen Sinn habe, wenn er so viel weine. Der Wind gehe so stark, dass man ihn überhaupt nicht höre (besser: hören könne). Da habe der Junge gestutzt (= große Augen gemacht), habe diese Logik begriffen und sei, ohne weitere Gefühle zu zeigen, zu seinem Sandhaufen zurückgekehrt.

A 18

In einem Buch las ich, zu Sokrates habe einmal ein Mann gesagt, er müsse ihm etwas Wichtiges über seinen Freund erzählen. Sofort habe der Philosoph den Mann unterbrochen und ihn gefragt, ob er seine Mitteilung auch durch die drei Siebe habe hindurchgehen lassen. Auf die Frage des Mannes, welche drei Siebe Sokrates denn meine, habe Sokrates ihn aufgefordert, er solle zuhören: Das erste Sieb sei das Sieb der Wahrheit; ob er überzeugt sei, dass alles, was er ihm sagen wolle, auch wahr sei? Der Gefragte habe zugegeben, dass er das nicht wisse, er habe es selbst nur sagen hören. Als nächstes habe Sokrates wissen wollen, ob er es dann durch das zweite Sieb gesiebt habe, durch das Sieb der Diskretion. Der Mann sei errötet und habe eingestanden, er habe auch das nicht getan. Sokrates habe weiterhin wissen wollen, ob er auch an das dritte Sieb gedacht und sich gefragt habe, ob es nützlich sei, ihm das von seinem Freund zu erzählen. Nützlich, habe der Mann erwidert, nützlich sei es eigentlich nicht. Da habe Sokrates geantwortet, wenn das, was er ihm von seinem Freund erzählen wolle, weder wahr, noch diskret, noch nützlich sei, dann solle er es lieber für sich behalten. So habe er den Mann stehen gelassen und sei weggegangen.

A 19

Kunert-Text: „Möglicherweise wäre alles falsch, was sie da tue …". Es wird hier KII verwendet, obwohl KI möglich wäre; aber KII drückt deutlicher aus, dass sich diese Frau gar nicht sicher ist, ob es richtig oder falsch ist, was sie mit ihrem Mann tun will. Zweifel anzudeuten ist eine besondere semantische Funktion von KII.

Hüsch-Text: „ … und auf einmal wären weder Bäckersfrau noch Zwiebacktüte auszumachen gewesen … ". Der Witz der Geschichte (und der dahinter stehenden psychologischen Realität) ist ja, dass diese Verkleinerung („im Kopf") immer noch weitergeht, auch wenn man (mit den Augen) das nicht mehr sehen kann: Das ist verrückt und es macht verrückt, und diese Verrücktheit, als „Irrealität", drückt KII viel besser aus als der (formal mögliche) KI.

Kapitel 10: Frau nehme …
Aufforderungen

A 1

Höflicher: Würdest du mir bitte mal helfen? – Könntest Du jetzt bitte gehen? (Würdest du jetzt bitte endlich verschwinden?!) – Ich möchte dich bitten, bei mir zu bleiben. – Würdest du bitte so freundlich sein und mir die Zeitung bringen?

Noch unhöflicher: Mensch, pack doch mal an! – Verdammt noch mal, verschwinde! – Verdammt, du kannst mich doch nicht einfach hier sitzen lassen! – Wie oft soll ich es noch sagen, bring' mir endlich die Zeitung rüber!

A 2

Hier ist es verboten einzutreten./Hier darf niemand eintreten oder durchgehen. – Man darf auf dieser Straße nur in einer Richtung fahren. – Es soll langsam gefahren werden. – Man soll sehr vorsichtig sein.

A 3

Baden verboten! – Eintreten! Nicht klopfen! – Radfahrer (vor Baustelle) absteigen!

A 4

Mundhalten, aufpassen und mitmachen!/Den Mund gehalten, aufgepasst und mitgemacht!/Psst! Achtung! Los geht's! – Eintreten!/Herein! – Stehen bleiben!/Stehen geblieben!/Halt!
Kasernenhofkommando (sehr scharfer Befehlston) – in der Schule oder im Kontakt mit Kindern: Kann streng, aber auch freundlich motivierend klingen.

A 5

Beispiel: So, zieht jetzt die Balken langsam hinauf; ihr müsst noch ein bisschen höher ziehen! Bitte ein wenig mehr nach links! So, jetzt stimmt's! Lasst sie jetzt langsam auf den Boden. (Aber so redet man nicht miteinander auf der Baustelle.)
Behörde: Wie heißen Sie bitte? Und wie ist Ihr Vorname? Wann und wo sind Sie geboren? Wo wohnen Sie bitte? Und nennen Sie mir bitte noch Ihre Passnummer.
Porträtfotograf: So, jetzt bitte lächeln … lächeln!! Nein, so nicht, mehr nach links … Kopf höher … Nicht so ernst … lächeln!!! etc.
Zahnarzt: Kopf bitte ganz nach hinten … Mund ganz weit auf. … Noch weiter! … Nicht bewegen. Bitte ganz ganz ruhig halten …
Safeknacker: Schutzbrillen auf! Schneidbrenner! Stärker aufdrehen! Klappt ja wunderbar! Hey, Hand ruhig halten. Mit dem Licht näher ran! Aufgepasst, vorsichtig, wir haben ihn gleich! Geschafft. Jetzt raus mit dem Zaster. Halt mal weiter auf! Den anderen Sack! So, jetzt nix wie weg, aber alle Sachen mitnehmen.
Feuerlöschen: Schlauch abrollen! Mit der Leiter mehr nach links. Alle anpacken. Jetzt Wasser marsch! Voll draufhalten. Mehr Druck! Noch mehr! Höher zielen, voll ins Fenster rein.

A 6

Hier sind Beispielsätze mit Verben, die weniger häufig vorkommen:
Ich verlange von Ihnen, dass Sie sich sofort bei Ihrer Kollegin entschuldigen. – Maria, ich fordere Sie auf, meine Frau zu werden. – Ich rate Ihnen dringend, mehr Sport zu treiben und allen Stress zu vermeiden. – Der Chef hat angeordnet, dass im Büro überhaupt nicht mehr geraucht werden darf. – Ich schlage Ihnen vor, sich erst einmal zu rasieren. – Und ich empfehle Ihnen, ein weniger süßliches Parfum zu benutzen. – Wer hat Sie denn damit beauftragt, meinen Job zu machen? – Diese kritischen Äußerungen haben mich dazu veranlasst, jetzt einmal in der Woche eine Mitarbeiterbesprechung anzusetzen.

A 7

Die beiden ersten Übungssätze bedeuten dasselbe: Machen Sie, dass Sie verschwinden, aber schnell!/Gehen Sie, und kommen Sie nie mehr wieder!/Hau endlich ab! – Du solltest lieber den Mund halten./Mensch, verrate doch nicht unser Geheimnis.

A 8

Beispielsatz: Imperativ; Übungssätze: Passiv – KI – Infinitiv – verkürzter Satz – Begriffe

A 9

Alle Sätze bemühen sich um Pathos und Dramatik. Den Beispielsatz aus der Bibel sprach Gott am ersten Schöpfungstag. – dramatische Verabschiedung, die nichts Gutes erwarten lässt – Nachruf auf einen Verstorbenen am Grab – Sprache der Bibel: So sprach Jesus, um die Heuchelei zu demaskieren, als die Leute eine sündige Person öffentlich verurteilen und hinrichten wollten, obwohl sie selbst nicht unschuldig sind. – feierlicher Nachruf auf einen prominenten Toten

A 10

Es sei daran erinnert, dass nicht bewiesen ist, dass … – Es sei im Folgenden dargestellt, welche Vorteile … – Es sei vor allem darauf hingewiesen, dass …

A 11

Beispielsatz: Die Grundfläche beträgt 48 m2. – Die Seite a des Dreiecks beträgt 5 cm, die Höhe d = 4,5 cm. – Wir verstehen unter p und q beliebige Sätze einer bestimmten Sprache, die wir mit L bezeichnen. – Die Zahlen 125, 343 und 441 sind Potenzen, gesucht ist die jeweilige Zahl x, deren wievielte Potenz die genannten Zahlen sind.
(Lösungen: $5^3 = 125$ („fünf hoch drei"); $7^3 = 343$; 21^2 (21 hoch 2, 21 Quadrat) = 441).

Kapitel 11: Für und Wider
Präpositionen

A 1

ab: ab Stuttgart – Ab der italienischen Grenze – Ab (ersten)
als: als – als aufrichtigen Menschen – als
an: an der – an die – am – an einem/seinem – an dich – Am – am – am schnellsten – am
auf: auf dem heißen – auf das heiße – auf der – auf mehrere – Auf den – auf die Minute – auf Deutsch – Auf der – auf der – auf der – auf Empfehlung – Auf einmal
aus: aus der – aus – aus
außer: Außer – außer – außer
außerhalb/innerhalb etc.: Außerhalb/Innerhalb der – Innerhalb des ganzen Stadtgebiets – Innerhalb eines Monats – unterhalb/oberhalb der Flussmündung – Rechts und links des Wegs – jenseits des Spiegels
bei: bei dir – bei – beim – bei – Bei wem – Bei so einem – beim besten Willen
bis: bis (nach) – Bis – bis – bis auf den letzten
durch: Durch die – durch den – durchs – durch die – durch ein dummes – durch
für: für mich – für meinen – Für die – Für sein Alter – für – für – Für – Für den – für ein komischer – für heute
gegen: gegen die – gegen den – gegen (ein) – gegen – gegen
gegenüber: gegenüber dem Bahnhof/dem Bahnhof gegenüber – Gegenüber dem – gegenüber
hinter: hinter dem – hinter das/hinter's – Hinter mir – hinter dich – hinter dir
in: im – ins – Im – Im letzten – Im Deutschen – ins Deutsche – In – In
mit: Mit dem – mit dem – mit meiner – mit dem (einem) – Mit großem – Mit 3 oder 4 Jahren – mit – mit
nach: nach – nach – Nach dem – Nach christlicher/Nach der christlichen – nach der Größe/der Größe nach

neben: neben dir – neben mich – Neben der – neben mir
ohne: ohne – ohne
pro/je: pro/je
seit: Seit
statt: Statt eines großen Fests
trotz: Trotz verschiedenster
über: über der – über deinen – über – über – über alles – über – über dem – Über Nacht – Die ganze Nacht über
um: um den – um – um – um/um die – um das/um's
unter: unter der – unter die – unter vielen – unter die – unter der – unter – unter
von: vom – vom – von Anfang an – von – vom – von hohem intellektuellem – von unserem/von unseren – Von allen – von – vom
vor: vor einem – vor das – Vor einer – Vor – Vor
während: Während des
wegen: Wegen allzuvieler/Allzuvieler Fehler wegen – Einer Indiskretion wegen
wie: wie – so gut aus wie
zu: zu dir – zum – zum – zu dritt oder zu viert – zu – zum
zwischen: Zwischen – zwischen alle – zwischen allen – Zwischen dir und mir – zwischen

A 2

im – vor dem – aus dem – unter der – im – hinter der – unter meine – auf der – Über allen – in allen – im

A 3

in – aus – In den – bei – Um – Über – am – Bis/Bis nach – Hinter den

A 4

Seit mehreren – Am nächsten – Ab sechsten – Zum/Zu deinem – In der/Pro – Mit 18 (Jahren) – Um – Auf /An – Beim – Mit 6 (Jahren)

A 5

Wegen (Zu) – Für sein – Vor – Aus – Auf – Wegen seiner (Durch seine/Infolge seiner/Aufgrund seiner) – Durch seine – Als

A 6

in der Tasche, am Armband, auf dem Tisch, beim Uhrmacher, bei der/in Reparatur – am/auf dem Baum, auf dem Teller, im Korb, bei (poetischer: unter) den anderen Äpfeln – auf der Bank, unter dem Kopfkissen, im Geldbeutel, beim Teufel – am Meer, auf dem Berg, am Fuß des Berges, auf der Spitze des Berges, neben/bei der Post (der Post gegenüber/gegenüber der Post), am Bahnhof (gegenüber dem/dem … gegenüber), in der Stadtmitte, am Stadtrand, am See, auf einer Insel – im Bett, auf der Straße, bei einer Demonstration, im Schwimmbad, auf einem Bauernhof, auf dem Land, im/am Hauptbahnhof, in der Stadtbücherei, bei einem Freund – in der Fabrik, im Garten, an/bei/in/(veraltet: auf) der Universität, in (an/bei) der Klinik, beim (veraltet: auf dem) Finanzamt, bei Meyer & Co, im Arbeitszimmer

A 7

Schule: in der Schule (für die Schule) lernen, in die Schule (zur Schule) gehen, in/an der Schule/für die Schule arbeiten, der Weg zur Schule, Schwierigkeiten in (mit/wegen) der Schule – **Bett:** im Bett schlafen, im Bett/auf dem Bett liegen, ins Bett (vornehm: zu Bett) gehen, ein neues Leintuch auf dem (für's) Bett, der Teppich vor dem Bett, das Jesusbild über dem Bett – **Auto:** Geld für ein Auto

ausgeben, mit dem Auto fahren, ins Auto einsteigen, aus dem Auto (aus)steigen, Schwierigkeiten mit dem Auto/wegen des Autos – **Freund/in:** bei einer/einem Freundin/Freund wohnen, bei/von einem Freund eingeladen sein, mit einer Freundin spazieren gehen, mit/bei der Freundin/dem Freund schlafen, Trennung von einem/einer Freund/in, Probleme mit der Freundin/dem Freund – **Wohnung:** die Miete für die Wohnung, in der Wohnung wohnen, aus der Wohnung ausziehen, in die Wohnung einziehen, neue Möbel für die/in der Wohnung, eine Zeitungsannonce für eine Wohnung

A 8

1: Aus – in – seit – seit dem 5. (fünften) April – mit der – über den – Am – in – in – Von Calais – über/via – über/nach – nach

2: 1970/im Jahre 1970 – In welchem – im – zur/auf die – Am Fünften Achten 1970 bin …

3: ins – im – um/gegen – bei dir – um

4: in die – in der – in der – aus der

5: am – zwischen – vor dem – um – vor das/vors – aus dem – zu/im – um – nach – in der – aus dem

6: in meinem – In der – um den – in der – vor dem – in dem – vor der – an der – vor dem – Über dem – von – An der – in/auf dem

A 9

Im – In ihrem Alter/Wegen ihres Alters – zum – von – in den – Auf dem – zum – hinter einer – im – Aufgrund seiner großen – vom – aus dem – mit einem großen – Mit seinem – am – für den – zum/beim

A 10

Formulieren Sie Beschreibungen wie die des Zimmers in A 8, Nr. 6.

A 11

auf: ohne sich zuzudecken, ohne zu schlafen – bei der Bank verwahrt – auf der Straße, unterwegs, nicht zu Hause
aus: warum man etwas tut, das Motiv – lokal: heraus – lokal: heraus, auf die Straße
durch: hindurch – diagonal, auf der einen Seite hinein und auf der anderen Seite heraus – kausal/instrumental: wegen/mit
für: Preisangabe – zu deinen Gunsten, zu deinem Vorteil und Nutzen – Mittel, Hilfsmittel für einen Zweck
mit: Person, die beurteilt wird, hier: man ist selbst diese Person – Instrument, Werkzeug – zusätzliche Ausstattung
nach: Richtungsangabe durch Adverbien (hier auch im übertragenen, gesellschaftlich-politischen Sinn) – später als – angestrebtes Ziel
um: zentrales Thema (wie ein Rotationszentrum) – Abbiegewinkel des Wegs: 90° – ungefähre Zeitangabe

A 12 und A 15

Die Liste (➤ Katalog, S. 243 ff.) mit den einfachen und komplexen Präpositionen der Schriftsprache zu bearbeiten, ist eine Arbeit für längere Zeit. Arbeiten Sie z. B. mit dem Markerstift, suchen Sie sich heraus, was Ihnen interessant und für Ihre Zwecke nützlich erscheint. Oder legen Sie sich kleine Lernkärtchen an, um die Ausdrücke gut kennen zu lernen.

A 13

Zugunsten der entlassenen Rettungsbernhardiner … – Hinsichtlich des Nutzens dieser Grammatik … – mit Hilfe einer kleinen Geschichte – Ungeachtet aller Schwierigkeiten und Hindernisse …

A 14
Laut § 7 der Prüfungsordnung kann man die Prüfung nur einmal wiederholen. – Infolge/Dank der Hilfsbereitschaft der Nachbarn konnte die obdachlose Familie … – Mangels genügender Verdachtsmomente wurde der Mann nach zwei Stunden … – Zwecks schneller Beseitigung der belastenden Akten wurden Reißwölfe eingesetzt.

A 16 und A 19
Beides sind Aufgaben für Wochen oder mehr; wechseln Sie spielerische und systematische Arbeitsweisen; arbeiten Sie mit Markerstift und mit Lernkärtchen; Sie können auch umgekehrt einmal in Ihren Fachtexten oder in Texten aus der Zeitung markieren, wie viele und welche Verben, Adjektive und Nomen mit festen Präpositionen vorkommen.

Kapitel 12: Alle meine Entchen
Artikelwörter

A 1
Die Formen üben Sie am besten in kleinen Sätzen oder Kontexten: z.B. **die** kleinen Artikelwörter, **diese** ganze Liste, **alle** kleinen Wörter, **lauter** nette Leute etc.

Hier die komplette Liste:

der	die	das	die
derjenige	diejenige	dasjenige	diejenigen
derselbe	dieselbe	dasselbe	dieselben
dieser	diese	dieses	diese
jener	jene	jenes	jene
welcher	welche	welches	welche
mancher	manche	manches	manche
jeder	jede	jedes	– (alle)
(aller)	(alle)	alles	alle
ein	eine	ein	–
kein	keine	kein	keine
was für ein	was für eine	was für ein	(was für …)
welch ein	welch eine	welch ein	welche
manch ein	manch eine	manch ein	manche
irgendein	irgendeine	irgendein	irgendwelche
so ein	so eine	so ein	solche
solch ein	solch eine	solch ein	solche
mein/dein/	meine/deine/	mein/dein/	meine/deine
sein/unser	seine/unsere	sein/unser	seine/uns(e)re

Im Singular gehen die eingeklammerten Artikelwörter nur mit „unzählbaren" Nomen, Mengenwörtern:
viel Wasser, wenig Luft, etwas Geld, lauter Sand, einige Energie etc.

A 2
Ich komme aus … Amerika (Nord- oder Südamerika?), Russland (aber früher: aus der Sowjetunion), Tschechien, der Tchechischen Republik, den USA, Schwaben, Polen, Ungarn, Griechenland, der Türkei, Spanien, dem Libanon, dem Iran, der Schweiz, Österreich, Deutschland, dem Vatikan.

A 3
Ich war in den Ferien … im Elsaß, in der Bretagne, in der Pfalz, auf dem Peleponnes, im Schwarzwald, auf der Krim, im Norden, an der Nordsee, am Bodensee, am Meer, auf Mallorca, auf/in Sizilien, am Bosporus, auf dem Mount Everest.

A 4
Hamburg liegt an der Elbe. – **Berlin:** an der Spree – **München:** an der Isar – **Köln:** am Rhein – **Frankfurt:** am Main/an der Oder (es gibt zwei Städte mit dem Namen Frankfurt) – **Saarbrücken:** an der Saar – **Tübingen:** am Neckar – **Paris:** an der Seine – **Prag:** an der Moldau – **Wien:** an der Donau – **Avignon:** an der (!) Rhône – **Bremen:** an der Weser – **Moskau:** an der Moskva – **Innsbruck:** am Inn – **Trier:** an der Mosel – **Orleans:** an der Loire – **Florenz:** am Arno – **Rom:** am Tiber – **Turin:** am Po

A 5
Ich wohne in/fahre nach/komme aus Prag, Peking, New York, Tübingen etc.

A 6
aus dem „Goldenen Prag" – im/des wilden Chicago – im Paris der Nachtclubs

A 7
Ich wohne … in der Gartenstraße, in/an der Parkallee, am Moselufer, in der Neckargasse, an der 5th Avenue, am Platz der Republik, an den Champs Elysées, am Sunset Boulevard. – Meine Adresse: Hamburg, Am Jungfernstieg 1 – eine Hafenstraße, die Hafenstraße – eine Neckargasse, eine Neckarhalde, keine Neckarstraße

A 8
Ich heiße Fritz Müller. – Mama, der Fritz – Mit/Mit dem/Mit einem Fritz Müller im Tor (ohne Artikel: Hochsprache; Mit dem: Umgangssprache; Mit einem: mit so einem Nichtskönner wie F.M.) – Was wollte der Autor Fritz Müller – die neunte Symphonie von (Schweizer können sagen: vom) Fritz Müller – den neuesten Witz vom alten Fritz Müller?

A 9
Sie ist Lehrerin, ich bin KFZ-Mechaniker: Berufsbezeichnung – Er ist Katholik und (ein) überzeugter Christ: Religionszugehörigkeit („ein" kommt wegen der Attribution „überzeugt" hinzu) – ein langer dürrer Ritter … ein kleiner dicker Begleiter: Der Sprecher kennt die beiden Personen noch nicht, daher: unbestimmter Artikel, aber Sie wissen natürlich, dass Don Quijote und Sancho Pansa gemeint sind. – zu (zum: Alltagssprache) Doktor Müller, ein guter – Der Schriftsteller Fritz Müller – der Abgeordnete – Außenminister Müller (Umgangssprache: Der Außenminister Müller)

A 10
den Hamlet – einen hundsmiserablen Hamlet – in die Venus von Botticelli – Als Leporello in/im „Don Giovanni" – zwei Theaterkarten für den „Faust"/„Faust" – einen Picasso

A 11
nie wieder einen VW – rauchst du denn Gauloises? – Ein Mercedes ist mit einem Porsche – Mit dem/meinem neuen BMW (Auto) – Mit meiner neuen Honda (Motorrad) – Nehmen Sie den „Rheingold", das ist der IC …

A 12

In der FAZ, in der FR – im SPIEGEL oder in/im Focus –
das Neue Deutschland („Neues Deutschland") –
Die TAZ und BILD (die BILD-Zeitung) – Nach einer Meldung
von/in LE MONDE

A 13

Früher … den 17. 6. („den Siebzehnten Juni"), jetzt … den
3.10. („den Dritten Oktober"); gemeint sind deutsche
Feiertage mit nationaler Bedeutung: Am 17.6.1953 war der
Arbeiteraufstand in ostdeutschen Städten, und daraus
wurde bis zur Wiedervereinigung der Nationalfeiertag der
(westdeutschen) Bundesrepublik Deutschland; der 3.10. ist
seit 1990 der Nationalfeiertag der (wiedervereinigten)
Bundesrepublik. – Im vergangenen Jahr/Vergangenes Jahr
– Ich habe die ganze Nacht – Am Montag/Montags – Das
war Montag/der Montag/am Montag vergangene Woche/in
der vergangenen Woche

A 14

Das Papier – neues Briefpapier – besteht aus Knochen, Fett
und Wasser und ein wenig Geist – noch ein Stückchen
Apfelkuchen/vom Apfelkuchen – gibt es viele Autobahnen,
Versicherungen und Gartenzwerge (Hängt das vielleicht
irgendwie zusammen?)

A 15

die Energie – einen Riesenhunger – mehrmals den Hunger –
Intelligenz und Urteilsfähigkeit – Er besitzt die Intelligenz
eines Esels und die Urteilsfähigkeit einer Ziege. – Mit großer
Geschicklichkeit jonglierte er mit mehreren Bällen.
allergrößte/die allergrößte Geduld – Sie hat nur dumme
Ideen im Kopf, aber er hat die allerdümmsten Ideen im Kopf.

A 16

1 (einen) Euro pro/das Kilo – zweimal pro/in der/die
Woche – 6 Euro pro/der Strauß – 1 Euro 20 pro/der Liter

A 17

in Physik – ein Ass in theoretischer Physik/in der
theoretischen Physik – die Physik – Hinweis auf eine Physik,
die … Gebieten wie Theologie und Ethik

A 18

Das/Ein Fahrrad – die Zeitschrift für die moderne Frau –
Ein/Der Mann muss …, aber er muss ein Mann sein. – sei
endlich ein Mann – Der/Ein Mensch braucht Liebe, wenn er
(ein) Mensch sein will. – Die Menschen in Deutschland –
Tausende von Menschen

A 19

Er hatte an dem Unfall keine Schuld. – Ich hatte als Kind
immer Angst. – Ich habe die Überzeugung, dass Sie mir
helfen können. – Sie hatte keine Ahnung, dass …

A 20

So eine/Diese Unverschämtheit hätte ich nicht erwartet. –
Einige Menschen sind …/Es gibt Menschen, die von Grund
auf schlecht sind. – So ein Unsinn!/Was für ein Unsinn!

A 21

Ich habe alle Fehler korrigiert. – Ich habe das ganze
Geschirr gespült. – Wir haben mit allen Studenten
gesprochen. – Willst du mein kleines Kind sehen. – (Der
letzte Satz ist richtig; man kann auch sagen: Alle diejenigen
Studenten, die …).

A 22

1. Titanic-Gedicht von Enzensberger: …war das **ein** Ding
(idiomatisch: eine Katastrophe, ein Ereignis), als **die** Titanic
unterging (es gab nur ein Schiff mit diesem Namen); es war
der Heizer (es klingt so, dass es sich hier um den einzigen
Heizer handelt, er ist „einmalig", der „Held" des Gedichts.
Ich esse Erbsen (Speise, eine allgemeine, undefinierte
Menge) – er aß grad **einen** Teller Erbsen (Mengenangabe;
auch: Zahl: Vielleicht wollte er noch einen zweiten Teller
essen) – da schwamm ihm auf einmal **der** Teller (ein
bestimmter Gegenstand) weg.

2. Totenklage von Enzensberger: … **dieser** Apfel dort: ein
bestimmter, einmaliger „Gegenstand", nämlich die Erde; **ein**
schönes Gestirn: eine angehängte Attribution, auch: ein
Gestirn unter vielen.

3. Das Wiemer-Gedicht ist eine bittere Satire auf die
Verdrängungen und Rechtfertigungen der Deutschen nach
dem Faschismus und dem Krieg; die Zahl der Menschen,
die sich der Verbrechen bewusst sind, wird in jeder Zeile
kleiner.

4. Biermann-Gedicht: **der** kleine Mann: der typische
deutsche Kleinbürger, Verlierer, „Otto-Normalverbraucher",
der sich um seiner primitiven Bedürfnisse willen an alles
anpasst, und dessen (moralisches, soziales, revolutionäres)
Gewissen (das Attentat, auf Adolf Hitler z. B.) nur noch
unrealistischer Traum ist … das ist **der**, **dem** die ganze
Verachtung gilt. Das Gedicht zeigt mit dem Finger auf diese
Figur.

5. Hohler-Gedicht: Wegen der Aufzählung verlieren die
Flüsse Rhein und Mosel den Artikel (der Rhein/die Mosel);
es sind hier auch nicht die ganzen Flüsse gemeint, sondern
ein genauer geographischer Punkt am Zusammenfluss in
Koblenz. „Deutsches Eck" ist der Name dieses Orts; auch:
„das Deutsche Eck" ist möglich. **das Reich** ist der
(verkürzte) Name des damaligen Deutschland (Das
Deutsche Reich). … **von einem** Bunker … **auf dem**
Bunker: In der ersten Formulierung wird der „Bunker" neu
eingeführt, in der zweiten ist er schon bekannt. Die
Reiterstatue stellte den (nach dem deutsch-französischen
Krieg von 1870/71 siegreichen) Kaiser Wilhelm I. dar, der
die angeblich von den Franzosen geraubte Kaiserkrone
nach Deutschland zurückführt. Das Denkmal wurde 1893
aufgestellt, 1945 in den letzten Kriegstagen von den
Amerikanern weggeschossen, aber 1993 – gegen viele
Proteste – wieder aufgestellt.

6. Delius-Gedicht: Die Formulierungen „**ein** Peugeot, **ein**
Professor, **eine** seiner Studentinnen, an **einem** Wochenende" drücken „elegisch" aus, dass es sich bei diesem
erotischen Ausflug dieses Tübinger Professors nicht um eine
bestimmte, sondern um die sich ewig wiederholende
Geschichte von Liebe und Untreue handelt; die Autobahn ist
der immer gleiche Ort dieser Geschichte(n).

7. Kafka-Text: **dieses** Leben: das einzige, schlechte,
unabänderliche Leben der/aller Menschen – **ein** anderes:
unbestimmt, man kann es sich nicht vorstellen; aus **der**
alten Zelle: das konkrete schlechte Leben, wie im
Gefängnis – in **eine** neue: die man noch nicht kennt; ein
Rest von Glauben (ohne Artikel): Das klingt wie „sehr klein,
sehr wenig", z. B. gegenüber der Formulierung „der
Glaube"; **der** Herr: Gott, einzigartig und groß – **den**
Gefangenen: von dem in diesem Text die Rede ist; **diesen**:
das klingt wie ein gewaltiges Wort, mit dem ausgestreckten
Zeigefinger.

8. Jandl-Text: Der Text klingt durch die Nullartikel (tür auf)
und durch die fehlenden Personen (einer, vierter, erster)
„verstümmelt", wie gestottert; die Sprache ist wie die Folge

schnell und abrupt hintereinander ablaufender Filmbilder; die Formulierung „tagherrdoktor" setzt diesem Bilderspiel mit gesichtslosen Figuren die Spitze auf; ein bitteres Spiel mit den Mitteln der Sprache.

9. Der Protestruf von Tausenden von Menschen im Oktober 1989 „Wir sind das Volk" (in einem rhythmischen 4/4-Takt mit starker Betonung von „wir" und „Volk") unterstreicht die Einmaligkeit des historischen Moments und den demokratischen Anspruch der Menschen; das Volk in den Städten der DDR übt jetzt seine legitime Macht aus gegenüber einer nicht mehr legitimen Herrschaftselite. Als dann wenig später, mit schwarz-rot-goldenen Fahnen, gerufen wurde „Wir sind e i n Volk" (auch 4/4-Takt, aber Betonung auf jeder einzelnen Silbe, mit dem Hauptakzent auf „ein") war gemeint: ein einziges, einiges Volk, zusammen mit den Menschen in der Bundesrepublik (West). Die nationale Wiedervereinigung war gemeint.

Kapitel 13: Sätze über Wörter
Wortbildung

A 1

Beispielsatz: **auf eine Frage antworten** <> **eine Frage beantworten:** Die zweite Form klingt professioneller, wissensorientierter. – **über eine Situation schreiben** <> **eine Situation beschreiben:** Die erste Form klingt nach schriftstellerischer Tätigkeit, die zweite meint eine bestimmte Textsorte: Beschreibung – **über einen Sachverhalt urteilen** <> **einen Sachverhalt beurteilen:** Die erste Form klingt nach einer individuellen Situation, die zweite nach einer generellen Urteilskompetenz. – **an der Wahrheit zweifeln** <> **die Wahrheit bezweifeln:** Die erste Form klingt nach einer individuellen Situation oder philosophisch resignativ, die zweite methodisch scharf, nach einer Methode des genauen Argumentierens. – **Ich wundere mich über dich.** <> **Ich bewundere dich:** Hier liegen zwei völlig verschiedene Bedeutungen vor: überrascht sein über das, was die andere Person sagt oder tut <> Hochachtung und Verehrung empfinden für die andere Person. – **lehren** <> **belehren:** Die erste Form drückt die Tätigkeit des Lehrers oder Professors aus, die zweite klingt nach moralischer Überheblichkeit und Besserwisserei.

Unabhängig von einzelnen Bedeutungsunterschieden klingen Sätze mit be-Verben „professioneller", strenger, rationaler: Die Bernhardinerhunde sind beauftragt, ... – Ich will mich für ein halbes Jahr beurlauben lassen. („sich be urlauben lassen" ist eine arbeitsrechtliche Kategorie.) – ..., der sich von seinen Zwängen befreit hat. („befreien" klingt mehr nach konsequentem Kampf.) – Ich glaube, mein Auto muss neu bereift werden. („bereifen" ist ein Fachausdruck in der Autowerkstatt.)

A 2

Erklärungen zu einigen Verben: **beschuldigen:** im meist strafrechtlichen Sinne die Schuld geben – **behaupten:** klar und deutlich als wahr hinstellen, auch wenn es Gegenmeinungen oder widersprechende Fakten oder Vermutungen gibt – **bevollmächtigen:** die Vollmacht geben, autorisieren, ein Recht anvertrauen – **bezuschussen:** ein Geldgeber oder eine Behörde gibt einen finanziellen Zuschuss, z. B. zu einem Projekt – **bekräftigen:** etwas durch Argumente oder Beweise glaubwürdiger machen – **bedrängen:** starkes Bitten, auf jemanden mit großem

Nachdruck einwirken, jemanden mit Argumenten, Bitten oder Drohungen beeinflussen wollen.

Das Jandl-Gedicht spielt mit der in katholischen Gegenden bekannten religiösen Geste „sich bekreuzigen": mit der Hand vor dem eigenen Körper ein Kreuzzeichen andeuten; die Geste kennt jeder fromme Katholik; bei „sich bezwetschkigen" hört man nur das Professionelle dieser Geste heraus, aber es bleibt wirklich das Geheimnis von Ernst Jandl, wie er das macht.

A 3

sich verändern: ein anderes Aussehen im Lauf der Zeit annehmen – **verkaufen:** eine Ware gegen Geld tauschen – **sich verbessern:** eine Entwicklung hin zum Positiven nehmen – **vergraben:** in den Boden eingraben – **vertrinken:** das Geld bis zum letzten Pfennig in alkoholische Getränke umsetzen – **vermischen:** durcheinanderbringen, verunklären – **veranschaulichen:** anschaulich machen, mit Beispielen klar machen – **vereinfachen:** einfacher machen, simplifizieren – **verdeutlichen:** deutlicher, verständlicher machen

A 4

vergiften: durch Gift eine schlechte, tödliche Wirkung erzielen (hier bildhaft: man fühlt sich nicht mehr wohl) – **verdrehen:** umdrehen, ins Gegenteil wenden – **verkomplizieren:** komplizierter machen, mit nachteiliger Wirkung – **sich verrechnen:** einen Rechenfehler machen, falsch rechnen – **(sich) verschlafen:** allgemein: nicht rechtzeitig aufwachen; in diesem Satz: müde, verträumt, unaufmerksam – **verschlimmbessern** (eine etwas spaßhafte Wortbildung): durch ungeeignete Verbesserungsvorschläge etwas schlimmer machen, als es vorher war

A 5

mit einem Korken verschließen – Fensterglas in den Rahmen einsetzen – mit einem Gitter verschließen – mit einem Siegel verschließen – mit einer Goldschicht überziehen – mit einer Chromschicht versehen

A 7

gefallen: etwas schön, angenehm finden – **mir gehört:** besitzen – **gelingen:** Erfolg haben, etwas verwirklichen – **gelangen/geraten:** irgendwohin kommen, ohne besondere Aktivität, ohne eigene Schuld (➤ Kap. 17, A 5 und A 6, S. 195) – **geschehen:** sich ereignen, passieren – **gebrauchen:** verwenden – **gewinnen:** Erfolg, Vorteil, Profit haben – **genießen:** sich einer Situation oder einem Gefühl mit Lust hingeben

A 8

erbauen/errichten: ein Gebäude, ein Monument bauen (lassen) – **erschießen:** jemanden mit einer Schusswaffe töten – **sich erholen:** wieder zu Kräften kommen – **erschöpft sein:** fix und fertig sein – **erinnern:** etwas ins Gedächtnis rufen – **erledigen:** etwas fertig machen, zu Ende bringen, tun/machen – **erleben:** bei einem spannenden Ereignis dabeisein – **erreichen:** zum Ziel kommen

A 9

1: weggehen, den Raum verlassen – den Korken aus der Flasche herausziehen, öffnen – fällt weg

2: sich bilden – ist erfreut – findet – haben, beinhalten

A 10

(Gebäude) kaputtmachen – (einen Menschen) moralisch vernichten – (Fesseln) sprengen – fachmännisch in Teile aufteilen – (chaotisch) auseinanderfallen – beschwichtigen, für unwichtig erklären – destruieren, den inneren Kern, die innere Kraft zerstören – durch unorganisiertes Bauen die Natur zerstören – durch zu vieles Reden einer Diskussion die Ordnung und Richtung nehmen

A 11

1: … nicht beachtet. – … nicht gefallen. – …, es gibt keinen, der sie nicht verstehen würde.

2: **(Vertrauen) missbraucht:** Sie haben uns getäuscht. – **missraten:** kein wohlgeratener Mensch, eine Missgeburt, ein Monster. – Man darf kleine Hunde nicht schlecht behandeln. **misshandeln:** schlagen, brutal sein, grob behandeln, vergewaltigen

A 12

un: uninteressant – unmöglich – Unabhängigkeit – eine unsoziale Haltung – uneinsichtig – unvorsichtig – Unpünktlichkeit – unkorrekt

miss-: misslungen – das Missverständnis – Ich misstraue dir.

de-, dis-: Disqualifikation – Disharmonie – destabilisieren

gegen-, anti-: Antipathie – Antifaschismus – Antikommunist – Gegenströmung – Gegenbewegung – Gegenargument – dagegen

in-, im-, il-, ir-: illegal – illegitim – inhuman – irregulär – Inaktivität – intolerant – Inkompetenz – irreparabel – impotent

A 14

hinkriegen: reparieren, wieder gut machen – **sich hinlegen:** z. B. einen Mittagsschlaf machen – **was loshaben:** kompetent sein, Fähigkeiten besitzen – **losgehen:** explodieren – **hinnehmen:** akzeptieren – **sich weiterbilden:** zusätzliches Fachwissen erwerben – **weiterentwickeln:** einen Prototyp verbessern, perfektionieren – **fortfahren:** weitermachen – **Fortsetzung:** wenn es in einem Text, in einer Serie weitergeht

A 15

hat … gleichgestellt (besser: In unserer Gesellschaft sind Frauen noch keineswegs gleichgestellt.) – ist … leicht gefallen – habe … gefrühstückt – hat … stattgefunden – habe … geohrfeigt – haben … dichtgemacht – haben … übel genommen (zur Getrennt- oder Zusammenschreibung ➤ Orthographie 7, S. 198)

A 16

dúrcharbeiten (habe … dúrchgearbeitet): bis in den Morgen arbeiten – **dúrchfallen** (bin … dúrchgefallen): eine Prüfung nicht bestehen – **durchscháuen** (habe … durchscháut): verstehen, die verborgenen Motive erkennen, hinter die Fassade sehen – **dúrchhalten** (haben … dúrchgehalten): nicht aufgeben, bis zum Ziel gelangen – **dúrchdringen** (bin … nicht dúrchgedrungen): nicht zum Ziel gelangt; ich habe mich nicht deutlich genug ausgedrückt – **dúrchfahren** (sind … dúrchgefahren): ohne anzuhalten – **dúrchschlagen** (haben uns … dúrchgeschlagen): Wir haben mehr schlecht als gut gelebt, aber wir sind nicht untergegangen. – **durchdénken** (ist … durchdácht): klar und vernünftig konzipiert

A 18

Ich kann nicht erklären, wo … – Dieses Computersystem kann man meines Erachtens sehr gut ausbauen. – …, dass man diesen Pullover bei 60 Grad waschen konnte? – …, unsere Beamten kann man nicht bestechen. – Weil man auf dem Rasen nicht spielen konnte, wurde … – An diesem Arbeitstag konnte man sich richtig gut erholen.

A 19

Alkoholfreien Rum gibt es nicht. – Die schweizerischen Bernhardinerhunde sind eine traditionsreiche Einrichtung.

A 20

ein bildschöner Mann – eine federleichte Decke – eine grundfalsche Hypothese – Plötzlich war es im Raum mucksmäuschenstill. – ein nagelneues Auto – ein todsicherer Tipp – ein todschickes Abendkleid – ein steinreicher Heiratskandidat – eine stockreaktionäre Partei – Die Nacht gestern war zu lang, und heute ist mir hundeelend zu Mute. – ein schokoladenbrauner Teint – ein feuerrotes Auto – ein himmelblau angestrichenes Schlafzimmer – ein hauchdünner Vorsprung – ein stinknormaler Montag – eine scheißfreundliche Begrüßung

A 21

Beispielsatz: entspricht dem Geist und Stil der Gegenwart – In meinem Beruf habe ich mich sehr verbessert. – Ich bin nicht damit zufrieden mit dem, was er leistet und mit seiner Einstellung zur Arbeit. – … die Rechte, die mir die Verfassung garantiert – …, dass das Gesetz nicht dem Sinn und dem Gebot der Verfassung entspricht. – Ihre Antworten müssen der Wahrheit entsprechen/müssen wahr sein. – … gab es zu viel Blei in der Atmosphäre. – Sie rannten alle von den Spieltischen davon. – Das sind ja ganz neue Methoden … (Der Ausdruck klingt hier leicht zweifelnd, negativ.)

A 22

1: Chemikalien schaden der Umwelt. – Die Seife schont die Haut. – Die Haut ist von der Sonne gebräunt (worden). – Der Boden ist mit Schnee bedeckt./Es hat geschneit. – Die Atmosphäre ist so, dass jeder gerne arbeitet. – Unsere Wirtschaft will Gewinne machen, das ist ihr Motiv. – Diese Glühbirne spart Energie. – Das Hotel ist freundlich zu Kindern./In diesem Hotel sind Kinder willkommen. – Manche Jugendliche sind durch Drogen in großer Gefahr. – Der Boden ist durch Gift verseucht. – Die Debatte ist voller Emotionen. – Die Entwicklung verspricht viel für die Zukunft.

2: hilfsbereit – willensstark – einbruchssicher – jugendgefährdend – lawinengefährdet – alkoholsüchtig – umweltverträglich – sportbegeistert – vernunftbegabt – lebensnotwendig

A 23

Als „Nomen" im Sinne eines Sachbegriffs können interpretiert werden: Essen (Speise, Gericht, Mahlzeit) – (? Trinken = Getränke) – Schreiben (als Fach in der Grundschule) – Tanzen (als Sportart) – Denken (= Philosophie, Gesamtwerk eines Philosophen) – Lachen (= Gelächter) – Sein (als philosophischer Begriff, Existenz) – Kochen (als Fach in der Schule) – Andenken (= ein Souvenir)

A 24

1: Ich möchte mich (bei Ihnen) entschuldigen. – Sie ist sehr gut beurteilt worden. – Die Leute waren sehr verwirrt. – Ich werde Sie rechtzeitig benachrichtigen.

2: Wir brauchen bis morgen Ihre Entscheidung. – die (vielen, großen) Erfahrungen der jungen Leute – Die Verbesserung der Situation war unmöglich. – Wir konnten keine besonderen Beobachtungen machen.

A 25

der Vorgang/die Arbeit der Übersetzung <> das Resultat: der fertig übersetze Text – die Arbeit der Beurteilung/ das Schreiben eines Gutachtens <> das Resultat: ein Zertifikat/Gutachten/Urteil – die Prozedur, wenn man sein Recht verteidigen muss oder will <> die defensiven Spieler einer Sportmannschaft (z. B. beim Fußball)

A 26

lösbar – richtig – endlich – enthaltsam – wahrhaftig – lebhaft – gedankenlos – hell – gleich – schön – kompliziert – aufgeregt
Der Tourist war erstaunt, wie schnell die N. waren. – Weil V. so stur war, geriet die Verkäuferin fast in Verzweiflung. – Weil die R. so ausgelassen waren, tanzten sie einen Tango. – Seine Dummheit nervt mich. – Ich bin von der Richtigkeit der ganzen Angelegenheit überzeugt. – Sauberkeit ist für manche Deutsche überaus wichtig.

A 27

Ich liebe dich sehr. – die Suche nach der Wahrheit – Mit diesem Gerät kann man die Härte des Materials bestimmen. – Es ist leider nicht möglich, die Waren zurückzugeben.

A 28

Hier steht, wann die Züge ankommen, da drüben steht, wann sie abfahren. – Seien Sie vorsichtig. – Sei doch nicht so schrecklich eifersüchtig. – Ich bin süchtig nach dir. – Ich finde es toll, wie stark/kräftig du bist. – Ich muss alles richtig machen. – Sei doch mal vernünftig. – Wenn ich nur wüsste, wo ich heute Nacht unterkommen könnte. – Können Sie das noch einmal abschreiben? – Mein Großvater hat Hasen und andere Kleintiere gezüchtet. – Warum sagt man nicht, dass im Krieg in einer Schlacht die Soldaten wirklich geschlachtet werden, wie Tiere. – Wie beim Kuchen der Hefeteig und die Buttercreme geschichtet sind, so ungefähr ist es auch in der Gesellschaft.
Hier steht, wann die Züge ankommen, da drüben steht, wann sie abfahren. – Deine Eifersucht ist schrecklich. – Während er floh (besser: Während er auf der Flucht war), traf er einen netten Polizisten. – Nimm doch Vernunft an!

A 29

wo man hineingeht – was man eingekauft hat – wer im Spiel als nächster ziehen soll – wie groß etwas ist – wenn und wie man etwas greift – wenn man schläft – was man zu einem Prozess/einem Geschehen/einer Arbeit beiträgt – was verboten ist – wenn etwas reißt – wenn man etwas tun muss – worauf man verzichtet – wenn man zurückkommt – wenn man küsst – wenn etwas zu Ende ist
der Tanz auf dem Vulkan – der schiefe Klang – mein Verzicht auf eine Antwort – der Waldlauf

A 30

a) fährt Motorrad – macht Möbel –fällt (berufsmäßig) Bäume im Wald – gibt Unterricht in der Schule – besucht eine Schule (während der Zeit seiner Schulpflicht); oder: lernt eine bestimmte Kunstdisziplin/Wissenschaft/ Philosophie (Klavier, Germanistik, Ontologie) bei einem „Lehrer", einem Meister, einem berühmten Professor

b) begeht eine Straftat – findet z. B. einen Geldbeutel – bleibt immer hinter dem warmen Ofen sitzen, ist ein unternehmungsarmer Mensch – einer, der die Welt verbessern möchte (meist pejorativ gebraucht für: ein ideologischer Fanatiker) – wörtlich: einer der Fahrrad fährt; metaphorisch: ein übler Opportunist; ist servil gegenüber den Mächtigen, aber erbarmungslos gegenüber Schwächeren
c) der Weinverkäufer – die Lehrerin – der Nichtstuer – die Institutsleiterin
d) Mit einem Fernseher kann man TV-Programme empfangen. – Mit einem Lichtschalter kann man das Licht aus- und anmachen. – Mit einem Rasenmäher mäht man den Rasen. – Mit einem Feuermelder ruft man die Feuerwehr. – Ein Verstärker ist ein Gerät, das (elektrische) Signale (z. B. zwischen Antenne und Fernseher oder zwischen Plattenspieler und Lautsprecher) verstärkt. – Der Kopierer ist ein Gerät, mit dem man Texte oder Bilder kopieren/vervielfältigen kann. – Ein Zahnstocher ist ein spitzes Stück Holz, mit dem man Essensreste zwischen den Zähnen herausholen kann.
e) Frankfurter: ein langes, dünnes Würstchen – Hamburger: eine manchmal undefinierbare Sorte „fast food" aus Hackfleisch – Berliner: Fragen Sie in einer Bäckerei, was das ist, aber: Vorsicht beim Reinbeißen! – Römer: ein grünes Weinglas (und Name des Frankfurter Rathauses) – Lyoner: eine geschmackvolle Wurstsorte – Hannoveraner: eine Pferderasse – Natürlich sind alle Wörter auch Be-zeichnungen für Menschen, die aus diesen Städten kommen.
f) negativ: Umstürzler, Kriegsgewinnler, Abweichler, Hinterwäldler; ein „richtiger", d.h. ein aktiver und kämpferischer Gewerkschafter wird sich und seine Kolleg/innen nicht Gewerkschaftler, sondern Gewerkschafter nennen! (Ohne „l" ergibt sich also eine positive Konnotation.)
g) Fast alle Wörter, die eine handelnde Person beschreiben, haben eine weibliche Variante mit -in; natürlich nicht die Ausdrücke in den Gruppen d) und e) (außer, wenn sie Personen aus den Städten bezeichnen). (Schauen Sie sich dazu die Kalauerei „Schild im Copyshop" auf S. 153 an.)

A 31

1: Ich bin seit 25 Jahren (Mitglied) im Verein. – Die Nazis hatten in kurzer Zeit das ganze Land (alle Lebensbereiche) beherrscht, eine totale Diktatur errichtet. – „Freundschaft": bedeutet im Deutschen mehr als nur „friends"; ein Begriff mit dem Hintergrund der romantischen Zeit, in der es um den Gleichklang der Seelen, der Empfindungen ging; „Lebensfreundschaft".
2: Vaterschaft – Belegschaft – Täterschaft

A 32

der Reichtum – der Irrtum – denunziatorisch – volkstümlich – herzoglich – besitzen – das Wachstum

A 33

das Ärgernis – die Finsternis – das Ereignis – das Wagnis – die Besorgnis – das Hindernis – das Verzeichnis
wenn man etwas inhaltlich, in seiner tieferen Bedeutung versteht, oder wenn man sich in eine Situation gut einfühlen kann – wenn man etwas aus inneren Motiven heraus braucht (z. B. Liebe, Zärtlichkeit, Zuneigung, Kommunikation etc.) – was man intensiv erlebt – was man versäumt hat – wenn etwas geheim bleiben soll – wenn etwas erlaubt ist – das, was man erzeugt, hergestellt hat

A 34

die Ereignisse im Leben, die man nicht beeinflussen kann, denen man ausgeliefert ist – wenn etwas sehr mühsam ist, wenn es sehr schwer zu tun ist; das Leiden, alles, woran man schwer zu tragen hat – wenn man traurig oder depressiv ist – wenn alles durcheinander und chaotisch ist (Alle Ausdrücke haben etwas Pathetisches.)

A 35

das, was man lösen muss/kann/will (als Spiel, als Wortspiel oder im täglichen Leben) – was jemand als kleines Geschenk mitgebracht hat – was übrig geblieben ist und nicht mehr wichtig ist – wenn Blut fest wird und eine Ader im Körper verstopft, eine Embolie hervorruft – ein Ding, das man in den Abfluss steckt, damit das Wasser im Waschbecken/in der Badewanne nicht abfließt

A 36

negativ: Feigling, Schwächling, Eindringling, Günstling, Fiesling, Primitivling. Nicht unbedingt negativ ist „Schützling": Es kann denjenigen bezeichnen, der unter einem besonderen Schutz steht (neutral); aber auch den Protégé, den Günstling (der ungerechtfertigterweise gefördert oder geschützt wird). Heute nennt man einen Prüfling eher Kandidat. – Nicht zu den Nominalisierungen gehört der Pfifferling (ein wohlschmeckender Speisepilz).

A 37

1. Metzgerei, Bäckerei, Gärtnerei – 2. Kartei, Datei – 3. Schweinerei, Sauerei, Barbarei, Eselei, Quertreiberei, Ferkelei, Heuchelei, Schlamperei; die Ausdrücke „Fresserei", „Paukerei", „Blödelei", „Quasselei" drücken vor allem ein „zu viel" (an Essen, Lernen, Albernheit, Reden) aus; „Liebelei" bedeutet nicht eigentlich etwas Negatives, sondern: keine große Liebe, nur ein Flirt.

A 38

ihr schöner Gesang – Was soll das Geschrei (die Schreierei)? – Hör endlich mit dem dummen Geschwätz auf. – ein übler Geruch – das Gerede der Leute – mein Gefühl, dass ich dich liebe

A 39

1: das Schöne, Wahre und Gute – das Allerwichtigste – das ewig Weibliche

2: was an einer Marseiller Bouillabaisse besonders (wichtig) ist – was an der ganzen Sache so verrückt ist – das Deutsche: a) die deutsche Sprache b) das charakteristisch Deutsche, das, was an den Deutschen oder an den deutschen Zuständen für „typisch deutsch" gehalten wird.

3: der Kranke – der Angestellte – die Verwandten

4: eine Wurstsorte, zum Grillen geeignet – Kommunisten und Sozialisten, die linken Parteien – eine ökologisch, basisdemokratisch und tendenziell links orientierte Partei – Katholiken, die CDU/CSU, die Ultrakonservativen – ein halber Liter (Fass)-Bier im Glas – die Bayern

A 40

1: dokumentieren – deklarieren – produzieren – delegieren – indiskret sein – explodieren – fungieren – variieren – konzipieren – qualifizieren/qualifiziert sein – infizieren/infiziert sein – sozialisieren (den gesellschaftlichen Normen anpassen) – kombinieren – demonstrieren – konzentrieren

2: Variation – Konzentration – Qualifikation – Diskretion – Kombination

A 41

1: **Qualifikation:** was man (durch Prüfungen und Zeugnisse belegt) beruflich kann <> **Qualifizierung:** der Weg dazu – **Deklaration:** die dominierende Form: eine Erklärung, ein fertiger Text für die Öffentlichkeit – **Rehabilitation:** klingt nach Sanatorium, nach einer schweren Krankheit oder Operation <> **Rehabilitierung:** die Wiederherstellung des öffentlichen Rufs, z.B. eines Politikers – **Sozialisation:** wie ein Kind an die Lebensbedingungen der Gesellschaft angepasst wird <> **Sozialisierung:** die Vergesellschaftung privaten Kapitals oder privater Produktionsmittel (Leitidee des Sozialismus) – **Reintegration:** Wiedereingliederung in die Gesellschaft – **Dokumentation:** was man dokumentieren kann, was dokumentiert ist <> **Dokumentierung:** die entsprechende Tätigkeit – **Kanalisation:** das System unterirdischer Wasser- und Abwasserkanäle <> **Kanalisierung:** etwas lenken, leiten (nicht nur Wasser, auch Macht, Einfluss, Kritik) – **Provokation:** eine Beleidigung, Herausforderung <> **Provozierung:** die entsprechende Aktivität – **Konzeption:** das geistige Gerüst des Denkens, einer Rede <> **Konzipierung:** die Arbeit daran

2: die Arbeit des Kanalisierens – das System von Kanälen unter der Erde – wie das Gerät funktioniert – eine mathematische Funktion

A 42

Jemand ist rational, national, inhuman (was man hintereinander auch als eine schlimme negative Gesellschaftsentwicklung verstehen kann).

1: Jemand ist sehr aktiv. – die Institution, die sich um die Gesamtheit des Wissens bemüht – wissenschaftliche Gliederung einer Universität – Jemand ist sehr aggressiv, brutal; das Prinzip, aggressiv oder brutal zu sein. – die Menge, der Umfang – der Wert einer Sache, einer Entwicklung – wie objektiv (gegenüber: subjektiv) man ist – wenn man solidarisch oder nervös ist

2: Ich verstehe deine Aggressivität nicht. – Wir brauchen mehr Solidarität. – Hat man mir meine Nervosität angesehen? – Er schwärmt von ihrer Attraktivität. – Manchmal ist Irrationalität ganz spannend. – Besitzt die Wissenschaft Objektivität?

A 43

Weibliche Formen: Rektorin – (eine richtige Diktatorin ist in der Weltgeschichte bisher relativ selten aufgetaucht) – Lektorin – Direktorin – Doktorin – Konditorin

Hier sind die Erklärungen zu den anderen Wörtern: **Reaktor:** Brennanlage eines Kernkraftwerks – **Traktor:** Zugmaschine in der Landwirtschaft – **Faktor:** das wirkende Element – **Ventilator:** eine Maschine, die Frischwind produzieren soll (➤ Karikatur S. 153)

A 44

Regisseur/Regisseurin: eine/r, der/die einen Film oder ein Theaterspiel organisiert; Verb: Regie führen – **Likör:** ein süßes alkoholisches Getränk – **Ingenieur/Ingenieurin** – **Konstrukteur/Konstrukteurin;** konstruieren – **Deserteur:** jemand, der seine militärische Einheit durch Flucht verlässt; desertieren – **Saboteur:** jemand, der eine Produktion, ein Projekt blockiert; sabotieren, Sabotage – **Masseur/Masseurin/**(verharmlosend für Prostituierte: Masseuse); massieren: therapeutische (oder erotische) Behandlung der Arme, Beine, des Rückens etc. – **Friseur/Friseurin** (heute weniger gebräuchlich: Friseuse); frisieren

Kapitel 13

A 45
Straßenmusikant: jemand, der auf der Straße Musik macht; musizieren – **Dirigent:** jemand, der ein Orchester oder einen Chor dirigiert – **Intendant:** jemand, der ein Theater leitet; intendieren bedeutet aber nur: etwas planen, vorhaben – **Patient:** jemand, der ärztlich behandelt wird – **Korrespondent:** ein Reporter einer Zeitung im Außendienst; korrespondieren (auch: miteinander in Briefverkehr stehen) – **Kontinent:** Erdteil – **Denunziant:** jemand, der Geheimnisse verrät und Freunde beim Gegner schlecht macht oder verrät; denunzieren – **Konsument:** jemand, der konsumiert, der Verbraucher – **Konsonant:** die nichtvokalischen Laute einer Sprache – **Spekulant:** jemand, der mit Aktien oder Immobilien spekuliert (Alle, außer natürlich „Kontinent" und „Konsument", haben die feminine Form mit -in.)

A 46
eine Tagung veranstalten – miteinander konkurrieren – nicht harmonisch (dissonant) sein
1: korrespondieren, Briefe schreiben – repräsentieren, sich der Öffentlichkeit präsentieren – tendieren, eine Entwicklung aufzeigen – auf lustvolle Erfahrungen verzichten, z.B. keinen Alkohol trinken – existieren, bestehen, sein, leben – (nicht kriegerisch) zusammenleben
2: Tendenz nach unten – friedliche Koexistenz – menschliche Existenz – Abstinenz – Konkurrenz

A 47
die Wirtschaft, das gesellschaftliche Chaos (aber auch: eine herrschaftsfrei lebende Gesellschaft)
1: pedantisch sein – perfide (intrigant, bösartig) sein – die Fächer von Philosophen und Psychologen – eine despotisch (tyrannisch) beherrschte Gesellschaft – die Klasse der Aristokraten, der Bürger
2: Mir geht deine Pedanterie auf die Nerven. – Sie liebt die Koketterie. – Leben wir wirklich in einer Demokratie? – Philosophie – Hier wird mehr Diplomatie benötigt.

A 48
literarisch/kulturwissenschaftliche Begriffe: Klassik, klassisch – Romantik, romantisch – Lyrik, lyrisch – Romanik, romanisch – Gotik, gotisch – Musik, musisch, musikalisch – Gestik, gestisch – Mimik, mimisch – Dramatik, dramatisch – Theatralik, theatralisch
Fächer: Logik, logisch – Akrobatik, akrobatisch – Physik, physikalisch, physisch – Mathematik, mathematisch – Thematik, thematisch
Methoden, Verhaltensweisen, Sachverhalte: Tragik, tragisch – Logistik, logisch, logistisch – Problematik, problematisch

A 49
Klären Sie die Bedeutung mit dem Wörterbuch; diskutieren Sie, wenn Sie Gelegenheit dazu haben, landeskundlich und historisch interessante Wörter mit Deutschsprachigen. Beachten Sie, dass bei den -ismus-Wörtern auch zwischen den Nationen und Kulturen unterschiedliche Bewertungen möglich sein können: nicht für alle Menschen hat z.B. Sozialismus einen negativen, Liberalismus einen positiven Klang.

A 50
Die traurige Geschichte: Wer ständig pessimistisch ist, wird krank, stirbt bald, und wird mit Orgelmusik zu Grabe getragen.
-ismus-Wörter (➤ A 49): Pessimismus, Journalismus, Kommunismus, Extremismus, Optimismus

Einzelne Erklärungen: **Prokurist:** Bevollmächtigter eines Betriebs, einer Firma – **Protagonist:** einer, der eine neue Idee als erster vorträgt oder befördert

A 51
Klären Sie die Bedeutungen mit dem Wörterbuch. Bedeutungsgruppen: 1. Berufe oder Charakteristiken: Funktionär, Revolutionär, Millionär, Bibliothekar, Notar – 2. Systeme, Sets, Sachkollektive: Formular, Mobiliar, Vokabular, Kommentar

A 52
Bedeutungsgruppen: 1. Berufliche Einrichtungen: Kommissariat, Sekretariat, Antiquariat, Konsulat, Rektorat, Referat (= Gliederung innerhalb einer Verwaltung) – 2. eine bestimmte Form, z.B. von Texten, Stoffen, Prozessen: Diktat, Konzentrat, Traktat, Elaborat, Referat (= Seminarvortrag, Rede) – 3. Beruf, Tätigkeit: Akrobat – 4. Gesellschaftliche Formation: Proletariat

A 53
(fr) bedeutet: französische Aussprache:
Appartement (fr): eine Wohnung – **Fundament:** eine architektonische (oder gedankliche, gesellschaftliche) Basis – **Parlament:** Volksvertretung – **Engagement** (fr): Motivation, Leidenschaft zur Lösung gesellschaftlicher Aufgaben – **Bombardement** (fr): Abwurf von Bomben, Trommelfeuer von Argumenten – **Arrangement** (fr): sich harmonisch in Beziehung setzen, einen Kompromiss schließen – **Abonnement** (fr): eine Zeitung regelmäßig bestellen – **Argument:** intelligenter Gedankenschritt, stichhaltige Entgegnung in einer Diskussion, Beweis, Grund

A 54
Verben: spionieren, massieren – sich blamieren – ?? reportieren (besser: eine Reportage machen/schreiben), recherchieren (Nomen: Recherche)

A 55
Klären Sie die Bedeutungen mit dem Wörterbuch oder gemeinsam mit Deutschsprachigen; beobachten Sie auch, wie weit die englische Aussprache übernommen wird.
Verben: trainieren – gedopt sein – zelten (weniger gebräuchlich: campen) – joggen – schick einkaufen gehen – Marktforschung betreiben – gestylt (!) sein – Dressing (= Salatsoße) ist keine Nominalisierung. – Bankgeschäfte erledigen

A 56
raffiniert, delikat, akkurat, interessant

A 57
Klären Sie die Bedeutungen mit dem Wörterbuch.
Verben: diagnostizieren – hypnotisieren – psychotisieren – neurotisieren (= jemanden neurotisch machen) – narkotisieren – dosieren

A 58
Klären Sie die Bedeutungen mit dem Wörterbuch. Verben: reparieren – maniküren – rasieren – karikieren – als Adjektiv: broschiert (Beispielsatz)
Weitere Erklärungen: **Allüre:** verrückte, übertriebene Verhaltensweise, Tick – **Prozedur:** Verfahrensweise – **Muskulatur:** das ganze System der Muskeln

29

A 59

Klären Sie die Bedeutungen mit dem Wörterbuch.
Verben: blockieren – veraltet: paradieren
Erklärungen: **Kohlroulade:** eine mit Fleisch gefüllte Kohlrolle, gar gekocht – **Dekade:** Jahrzehnt – **Hitparade:** Musikveranstaltung in Radio oder Fernsehen, in der ein Hit nach dem anderen gespielt wird – **Blockade:** Protestform, bei der der Bahn- oder Straßenverkehr behindert wird

A 60

Klären Sie die Bedeutungen mit dem Wörterbuch oder gemeinsam mit Deutschsprachigen.
Beispielsatz: **Dialog** (dialogisch): Gespräch – **Konflikt** (konfliktreich): Streit, Auseinandersetzung – **System** (systematisieren, systematisch): organisierter Zusammenhang, Struktur – **Problem** (problematisieren, problematisch): ungelöster Konflikt – **Katalog** (katalogisieren): Inhaltsverzeichnis, Werbeprospekt – **Monolog** (monologisieren, monologisch): von einer Person total dominiertes Gespräch, Selbstgespräch – **Dialekt:** Regionalsprache und ihre Klangfarbe; „dialektisch" ist nicht das Adjektiv zu Dialekt, sondern zu Dialektik, einer Disziplin, einer Methode der Philosophie – **Prospekt:** Ansicht, kleine Werbeschrift mit Bildern – **Defekt** (defekt): Fehler, nicht funktionierendes Element

A 61

1. Leichtathletik-Disziplinen: Hochsprung, Weitsprung, 100-Meter-Lauf – Diskuswerfen – Speerwerfen/-wurf – 20-km-Gehen, etc.
2. Schulfächer und an der Universität: Rechnen <> Mathematik; Französisch <> Romanistik; Erdkunde <> Geographie; Deutsch <> Germanistik etc.
3. Verhaltensweisen, Charaktereigenschaften: Großzügigkeit, Toleranz, Liebe, Hass, Pedanterie, Pingeligkeit, Hilfsbereitschaft etc.
4. Religionen, Denksysteme, Ideologien: Christentum, Islam, Judentum, Buddhismus, Atheismus, Sozialismus, Neokapitalismus, Liberalismus etc.
5. Abschnitte eines Lebens: Geburt, Kindheit, Jugend, Pubertät, Adoleszens, Erwachsenenalter, Alter
6. Grundsätze im Arbeitsleben: Fleiß, Pünktlichkeit, Genauigkeit, Teamgeist, Offenheit, Engagement, Lockerheit, Zielstrebigkeit etc.
7. Stationen eines Tages: Morgengrauen, Aufstehen, Frühsport, Frühstück, Fahrt zur Arbeit, Mittagspause, Büroschlaf, Feierabend, Abendunterhaltung, Schlafengehen, Nachtruhe etc.
8. erweiterte Friedhof-Ordnung: Sicher ist auf diesem Friedhof auch der Verkauf von Pommes frites und Döner sowie das Werben für eine politische Partei verboten etc.
9. noch einige Tipps für ein harmonisches Zusammenleben, privat und global: Empathie, Rücksicht und Mitleid, Menschenkenntnis, Lebenserfahrung, Frustrationstoleranz, Illusionslosigkeit etc.

A 63

(➤ Antworten zu Kap. 19, A 34, Nr. 5, S. 40)
Hier werden noch drei weitere Lösungsbeispiele gegeben:
Ausbeutung: Sklaverei, Menschenhandel, systematisch organisierte Kinderarbeit sind extreme Formen der Ausbeutung, aber auch im alltäglichen Leben kann es Formen der Ausbeutung geben, z.B. bei zu niedrigem Arbeitslohn oder bei unfairer Verteilung der Hausarbeit.
Leistungsprinzip: In einer Gesellschaft gilt „Leistung" als wichtigster Maßstab des gesellschaftlichen Werts eines Menschen („Leistungsgesellschaft"); die Leistung kann z.B. an der Karriere, am Kapitalbesitz, an der Steuerkraft eines Individuums gemessen werden; so wie Leistung gesellschaftliche Anerkennung schafft, verursacht ihr Fehlen gesellschaftliche Missachtung.
Überzeugungskraft: Jemand besitzt durch Klugheit, Intelligenz oder Lebenserfahrung die Fähigkeit, mit Worten, Argumenten oder mit seinem lebendigen Vorbild andere Menschen zu überzeugen; diese übernehmen dann diese Argumente als ihre eigenen und orientieren ihr eigenes Denken und Leben nach diesem Vorbild.

A 64

Eigentumsverhältnisse – Freundschaftsdienst – Schönheitswettbewerb – Ein-Mann-Show – Denkprozess – Pabstwahl – Bischofswahl – Unterschriftsberechtigung – Schnee-Ebene – Weltmeisterschaftskampf – Kundenservice – SPD-Regierungschef – Glaubensangelegenheit – Picasso-Ausstellung – Auftraggeber – Auftragszettel – Schwangerschaftstest – Midlife-Krise

Orthographie 4: Kleine Orthographie-Katastrophen
Über die Schreibung der „internationalen" Wörter

A 1

Wir geben hier einen Vergleich mit Englisch, Französisch und Spanisch: **Orthographie/Orthografie:** orthography, orthographie, ortografía – **Rhythmus:** rhythm, rythme, rítmo – **Rhetorik:** rhetoric, rhétorique, retórica – **Theorie:** theory, théorie, teoría – **physikalische Chemie:** physical chemistry, chimie physicale, química físico – **Psychiatrie:** psychiatry, psychiatrie, (p)siciatría

A 2

intellektuell, virtuell, sexuell – normal, neutral, real – Elektrik, Reaktion, Physik – elektrisch, realistisch, fantastisch – Elektrizität, Szene, zentral – Realität, Identität, Vitalität – Philosophie, Biologie, Kopie – aktiv, depressiv, desolat – sensibel, irreversibel, Bibel

A 3

Wir geben hier nur die englische Form wieder; achten Sie ggf. auf Bedeutungsabweichungen von international-deutscher und englischer Form:
Engagement <> engagement – Appartement <> appartment – Ingenieur <> engineer – Friseur/Frisör <> hair stylist – Fassade <> façade – Blamage <> shame – Fotograf <> photographer – Fotokopie <> copy – Zentrum <> centre/centre/center – Literatur <> literature – Genre <> genre – Atmosphäre <> atmosphere – Interieur <> interior – Kalorie <> calorie – Partei <> party – Party <> party – Handy <> mobile phone – Theater <> theatre – Regie <> management – Computer <> computer

A 4

Nach der neuen Rechtschreibung sind richtig:
Majonäse (auch: Mayonnaise) – Känguru (bisher: Känguruh) – Delfin (auch: Delphin) – Panter (auch: Panther) – Geografie (auch: Geographie) – Photographie (auch: Fotografie) – Friseur (auch: Frisör) – Ketchup (auch Ketschup) – Soße (auch: Sauce) – Joghurt (auch: Jogurt)
Auch nach der neuen Rechtschreibung sind falsch:

Resusaffe – Filosofie – Massör – Liqueur – Ketschap
Richtig sind: Rhesusaffe – Philosophie – Masseur – Likör – Ketchup oder Ketchup

A 5

Auch Deutschsprachige haben, nicht beim Sprechen, aber beim Schreiben der P-II-Formen solcher Verben noch einige Hemmungen.
jetten: gejettet – chatten: gechattet – checken: gecheckt – updaten: upgedatet (!) – timen: getimet (!) – leasen: geleast – joggen: gejoggt – scannen: gescannt – surfen: gesurft – stretchen: gestrecht
Journalist: Journalisten – Ingenieur: Ingenieure – Computer: Computer – Reportage: Reportagen – Dosis: Dosen (!) – Phänomen: Phänomene

Kapitel 14: Komplexität und Leichtigkeit
Nominalisierung von Sätzen

A 1

Man muss die möglichen Lösungen ausprobieren und bewerten; ? bedeutet eine Lösung von zweifelhaftem Wert.
1. der Brand des Rathauses, 2. der Brand vom Rathaus (umgangssprachlich), 3. der Rathausbrand, 4: (-) (es gibt kein passendes Adjektiv), 5. das brennende/verbrannte/ausgebrannte Rathaus –
1. das Lächeln einer schönen Frau, 2. das Lächeln von einer schönen Frau (umgangssprachlich), 3. ? das Frauenlächeln, 4: (-), 5. eine lächelnde schöne Frau –
1. die Leichtigkeit, Schwierigkeit, Ungenießbarkeit, Ästhetik, Abscheulichkeit, Schönheit der deutschen Sprache, 2. (-), 3. die deutsche Sprachästhetik, ? Sprachschönheit – 4. die leichte, schwierige, ungenießbare, ästhetische, abscheuliche, schöne deutsche Sprache, 5. (-)

A 2

Hier werden nur noch „gute" Lösungen gezeigt:
die Reparatur der Wasserleitung/die reparierte Wasserleitung/die zu reparierende Wasserleitung – das Schreiben eines Tagebuchs/das Tagebuchschreiben – der Verlust des Geldbeutels/der Geldbeutelverlust/der verlorene Geldbeutel

A 3

das Fotografieren der Nilpferde durch den Touristen – das Auslösen einer Lawine durch die Bernhardiner/die Lawinenauslösung durch die Bernhardiner – die Übertretung verschiedener Verkehrsregeln durch den autofahrenden Vater

A 4

die Begegnung der Katze mit der Maus – Cäsars Vertrauen zu (in) Brutus – die feste Zusage der Organisation an mich, mir monatlich …

A 5

das Interesse des Touristen für Nilpferde/das Touristeninteresse (allgemein: Interesse aller Touristen) für Nilpferde – das Warten des Tapezierers auf eine logische Erklärung – Valentins Frage nach einem neuen Hut

A 6

deine Verrücktheit – unser Wettlauf/unsere Konkurrenz um den Chefsessel – sein Versuch, eine Schwarzwälder Kirschtorte zu backen

A 8

das Unvermögen/die Unfähigkeit der Gazellen, Löwen zu fressen – Valentins Gefallen an hellgelben Hüten – die Absicht Mark Twains, einige … Konstrukteure der deutschen Sprache umzubringen

A 9

1. Text „Straßenverkehr": Der erlebten und erzählten Geschichte im ersten Teil entspricht der verbale, handlungsorientierte Stil, ohne Nominalisierungen. Die Analyse im zweiten Teil kann auf „Begriffe" nicht verzichten (Übertretung, System unterlassener Übertretungen, System sinnloser Verzichte). Es ist quasi eine kleine sozialpsychologische Analyse, der Busfahrer ist dabei nur ein Symptom einer ganzen zwanghaften Gesellschaft. Dieser abstrakteren Ebene entspricht der Nominalstil in „das Übertreten des Rotlichts": Die Ich-Person geht bei Rot über die Straße, „übertritt" eine Verkehrsregel; „das System von unterlassenen Übertretungen": gemeint ist: Beim Busfahrer gibt es dieses System, weil er sich ein ganzes Leben immer streng und pedantisch an jede einzelne Verkehrsregel gehalten hat, also nie eine Verkehrsregel, nie eine andere Regel übertreten hat; das ist ein „ganzes System sinnloser Verzichte auf sein Leben"; das heißt, er hat nicht nur darauf verzichtet, dann und wann einmal, wenn es keinen Sinn gemacht hätte, eine Verkehrsregel zu übertreten, sondern er hat in vielen Bereichen auf ein wirkliches Leben verzichtet, auf die Erfahrung, spontan und dennoch vernünftig zu leben; und dieses Zwangssystem ist durch den Fußgänger bedroht, weshalb ihm der Busfahrer verbal und mit seiner Geste nach dem Leben trachtet.
Man sieht: Nominalisierungen sind geeignet, abstrakte und komplexere Zusammenhänge auszudrücken.
2. Text „Rechtsstaat": Der Vater ist zu schnell gefahren, hat die zulässige Geschwindigkeit überschritten; er hat eine Sicherheitslinie überfahren; er hat an der Stoppstraße nicht vollständig angehalten, sondern ist weitergerollt; er hat sich von einem anderen Autofahrer, der von rechts kam, die Vorfahrt erzwungen.
3. Text „Plunder": Der Plunder hat eine Entstehungsgeschichte; seine Entstehung und seine Herkunft sind durch irgendetwas veranlasst worden, eben so, dass er in Raum und Zeit irgendwann erschienen ist; eine verrückte, perverse (abartige) Menschengeschichte, gemachte und wieder verscherbelte Dinge werden archiviert; es entsteht eine Legende, warum sie gebraucht worden und wieder verschwunden sind; die unfreiwillige Komik ist/liefert ein Trauerspiel/bietet ein trauriges Bild; der Zufall und das Überleben werden philosophisch betrachtet; die Spuren und das Zusammenhanglose haben eine bestimmte Ästhetik; private Dinge haben eine Welt- und Wirkungsgeschichte.

A 10

jemand (be)zeigt sich freundschaftlich, zeigt/beweist seine Freundschaft – Dilettanten sind aufdringlich. – Die Stadtverordneten versammeln sich. – Die Verordneten (heute: Abgeordneten) des Generalstaats versammeln sich. – die wissenschaftliche Bearbeitung von Altertümern/des Altertums – Institutionen, die Kinder verwahren (Kindergärten, Internate) – jemand erklärt sich für unabhängig – jemand bemüht sich darum, etwas wiederherzustellen – man verhandelt wegen eines Waffenstillstands (man verhandelt mit dem Ziel, die Waffen schweigen zu lassen)

Orthographie 5: Nicht alles, was groß aussieht, hat auch Größe … (1)
Zur Groß- und Kleinschreibung von Nomen, Verben, du und Sie

A 1

Das Schreiben und das Lesen ist nie mein Fall gewesen. – Pippin der Kleine war der Vater von Karl dem Großen. – Ich wünsche Ihnen alles Gute, Ihr Max Müller. – Über dem Hauptportal der Universität steht der Spruch: Dem Wahren, Guten und Schönen. – Als Snob kaufe ich nur das Beste vom Besten.

A 2

Bei uns sind die meisten Geschäfte abends nach 18.30 geschlossen, aber am Donnerstagabend haben viele geöffnet. Am Samstagnachmittag sind größere Geschäfte bis 16 Uhr geöffnet. – Ich habe vorgestern Abend eine Märchenfee getroffen, aber morgens war sie wieder weg. – Guten Abend, Herr Meier. – Nur ein einziges Mal habe ich diesen Fehler gemacht, zweimal mache ich ihn bestimmt nicht. – In der Nacht sind alle Katzen grau, aber eines Nachts waren sie grünlich.

A 3

Liebe Frau Müller, ich schreibe Ihnen, weil ich Ihnen meine Liebe zu Ihrem Sohn Franz gestehen möchte. Und auch du, lieber Franz, sollst den Brief lesen, und du sollst wissen, wie sehr ich dich liebe. Meine Gedanken sind bei euch, während ich an euch schreibe. Ich hoffe, ihr werdet gut von mir denken. Franz, dir habe ich für dein Auto ein Autokissen gehäkelt, und Ihnen, Frau Meier, habe ich einen Schal für den Winter gestrickt. Ich grüße Sie herzlich, ich küsse dich von Herzen, Ihre/deine Maria

Kapitel 15: Die kleinen Unterschiede
Adjektive und Adverbien

A 1

Bearbeiten Sie diese Aufgabe mit Blick auf die Tabelle in „Grammatik im Kasten" 5 (➤ S. 174).
-er ist grammatisches Signal für (1.) N-Sing.-mask., (2.) D/G-Sing.-fem., (3.) G-Plur.- mask./fem./neutr.
-e ist grammatisches Signal für (1.) N/A-Sing.-fem., (2.) N/A-Plur.- mask./fem./neutr.
-es ist grammatisches Signal für (1.) G-Sing.-mask., (2.) N/A-Sing.-neutr., (3.) G-Sing.-neutr.
-en ist grammatisches Signal für (1.) A-Sing.-mask., (2.) D-Plur.- mask./fem./neutr.
-em ist grammatisches Signal für (1.) D-Sing.-mask., (2.) D-Sing.-neutr.

A 3

Mark-Twain-Text: … meines guten Freundes – meinem guten Freund etc. … my good friend etc.
Sie merken, dass es sich bei Mark Twains Grammatik noch um die aus der lateinischen Tradition stammende (und nicht sehr vernünftige) Kasus-Reihenfolge N-G-D-A handelt. Wenn man die Kasus im Deutschen aufzählen will, ist heute üblich: N-A-D-G.

A 4

Die Formentabellen, einteilig in unserem Schema auf Seite 174, dreiteilig im traditionellen Schema nach Aufgabe 2, helfen Ihnen bei dieser Übung.

A 6

einen langhaarigen – mein allerliebstes – mit keinem fernsehbegeisterten – bei einer spannenden – unser kleiner Dackel

A 7

der Erste Erste, der Siebte Sechste etc. – den Dritten Siebten etc. – am Zehnten Zweiten etc. – den hundertsten Geburtstag – das einundzwanzigste Jahrhundert – den fünfhundertsten Jahrestag – den (ein)millionsten Besucher

A 8

2: das hintere Zimmer – das rechte/linke Ufer – das obere Stockwerk/die obige/obere/oben stehende Textpassage – die untere Etage – der internationale/globale/weltweite Verkehr/die globalen (etc.) Umweltprobleme – die nebenstehenden Zahlen – die häusliche Feier/die hiesige (einheimische) Bevölkerung – marginale Probleme – die äußere Stadtmauer – die fehlenden Kursteilnehmer/das fehlende (verschwundene) Geld

A 9

2: der häufige Wechsel – die ständigen/permanenten/ dauernden Unterbrechungen – die gelegentlichen Schwierigkeiten – ein seltener Besuch – der stündliche Glockenschlag/die tägliche Morgenzeitung/die monatliche Miete – die gelegentlichen Besuche – der morgige Tag – der morgendliche (!) Sonnenaufgang – der abendliche Spaziergang – die früheren Jahrhunderte – der späte Abend – anfängliche Hemmungen – der plötzliche Tod – längst vergangene Tage – sofortiger Stopp – die folgende Entwicklung – die kommenden Ereignisse – der letzte Besucher – die zukünftige Entwicklung – der allmähliche Verfall – die meisten Fragen – die fehlende Hilfe

A 10

2: die bevorzugte Beschäftigung – eine derartige Hitze – eine andere Entwicklung – genügende (hinreichende/ ausreichende) finanzielle Mittel – eine drohende (mögliche) Katastrophe – eine eventuelle (mögliche) Verschiebung

A 11

1: Wir haben uns leider missverstanden. – Auf der ganzen Welt gibt es eine Krise. – Es haben immer weniger Leute teilgenommen. – Es wird immer mehr konsumiert. – So mache ich es am liebsten. – Manchmal kann ich nicht schlafen. – Ich fordere höchstens tausend Euro. – Er kann sich an überhaupt nichts mehr erinnern.
2: die hiesigen (einheimischen) Menschen – ihre gelegentlichen Besuche – ihre häufigen Besuche – seine ständigen Klagen über Schmerzen im Knie – Ich bitte um Ihre sofortige Antwort. – die monatliche Rate für den Wagen – die nächtlichen Ausflüge meines Katers – seine große Verspätung

A 12

Wir geben nur eine Variante (von vielen) an: ein äußerst langweiliger Fernsehabend – das bei weitem beste Ergebnis – ein sehr scharfsinniger Literaturkritiker – ein höchst liebenswürdiges Publikum – eine eminent durchsetzungsfähige Chefin – eine äußerst erfreuliche Entwicklung

A 13

Einige Beispiele: So was sieht Ihnen ähnlich! – Es ist mir äußerst unangenehm, Sie schon wieder zu belästigen. – Es ist Ihnen doch bekannt, dass Sie hier sehr unbeliebt sind. – Ich bin dir nicht mehr böse. – Ich bin dir sehr dankbar, dass du mir zugehört hast. ...

A 14

nach draußen/raus – herein/rein – nach unten/hinunter/ runter – hierher/hierhin – nach links/rechts – heraus/raus

A 15

Ab und zu trinke ich ... – Tagein, tagaus/Tag für Tag verrichteten ... – Hier und da gab es ... – grün und blau geärgert – kreuz und quer durch den Wald – durch und durch nass

Orthographie 6: ... Seien Sie sich darüber im Klaren: viel Unklares bleibt bestehen (2)
Zur Groß- und Kleinschreibung von Adjektiven, Adverbien, Präpositionen und Ausdrücken mit Verben

A 1

der Kölner Dom – die französische Küche – die Deutsche Bank und das deutsche Bier – das Pariser Nachtleben – der amerikanische Kontinent – das Europäische Parlament in Straßburg – das russische Roulette – der badische Wein (in einem Werbeprospekt: der Badische Wein) – das deutsch-französische Verhältnis – der Deutsch-Französische Vertrag – das Wiener Schnitzel – Zur Zeit Friedrichs des Zweiten gab es noch keinen Ersten Mai. – Er besuchte beim Roten Kreuz einen Kurs in erster Hilfe (!?), aber dann bekam er seinen ersten Vertrag in der Ersten Bundesliga.

A 2

Ich bin nicht im Stande (oder: imstande), dich ernst zu nehmen (getrennt geschrieben!). Das ist mein voller Ernst. Natürlich sollst du dein Recht bekommen, auch wenn du in diesem Punkt nicht Recht hast. Eigentlich ist mir alles recht, aber ich möchte nicht immer alleine schuld sein. Ich habe nämlich überhaupt keine Schuld daran, dass du immer Angst vor der Pleite hast. Wenn du Pleite machst, tut es mir Leid. Aber ich bin es leid, deswegen Not zu leiden und Angst zu haben. Darüber bist du dir hoffentlich im Klaren.

A 3

So etwas kommt überhaupt nicht in Frage (auch: infrage). – Warum kommen Sie denn an Stelle (auch: anstelle) Ihrer Frau? Es gab auf Seiten (auch: aufseiten) der Bevölkerung viele Klagen. – Schließlich wurde auf Grund (auch: aufgrund) dieser Stimmungslage ein Hilfsprogramm beschlossen. – Viele sind in Bezug auf die Groß- und Kleinschreibung sehr unsicher. – Wir könnten mit Hilfe (auch: mithilfe) einer wirklichen Rechtschreibreform die Schreibweise vereinfachen.

Kapitel 16: Genauer gesagt
Attribution

A 1

Die Männer, die Höhlen erforschen, ... – Ein Hut, der ganz aus Metall besteht, ... – Die Mannschaft, die im August in die Höhle eingedrungen ist, ...

A 2

Die Höhle, in der drei Mannschaften verschwunden sind, ... – Ein Hut, mit dem Valentin zufrieden war, ... – Der saure Regen, über den viel gesprochen wird, ...

A 3

Es sind natürlich auch andere Beschreibungen möglich als diese hier: **Kunde:** jemand, der etwas kaufen möchte – **Zivilist:** jemand, der nicht in der Armee ist – **Helm:** eine Kopfbedeckung, die aus Stahl ist und von Soldaten (Motorradfahrern ...) getragen wird – **Höhle:** ein natürlicher Raum, der sich unter der Erde befindet – **Illustrierte:** ein Presseprodukt, das neben Textinformation viele Bilder und noch mehr Werbung enthält

A 4

Der Text, den wir gelesen haben, war sehr schwer. – Der Hut, den Valentin gestern gesehen hat, hat ihm nicht sehr gefallen. – Der Computer, mit dem ich geschrieben habe, ist schon alt und klappert.

A 5

... einen Sprachkomiker, dessen Namen jeder kennt. – ... eine Höhle, deren Eingang allerdings vor einigen Jahren zugemauert wurde. – ... die Rettungsbernhardiner, deren Geburtstagsfeier fast eine Lawine ausgelöst hat.

A 6

... von einem Hutladen, wo er aber keinen Hut kauft. – ... von der Taxenbacher Höhle, wo vor einigen Jahren einige Höhlenforscher verschollen sind. – Wir haben uns im vorletzten Winter kennengelernt, als es sehr kalt war. – ... in der Art und Weise, wie sie es im Fernsehen gesehen haben.

A 7

1: Der/Derjenige, der das geschrieben hat, hat keine ... – Derjenige/Der, der als Erster oder Zweiter fertig ist, ...
2: Wer nur Englisch redet, macht ... – Wer den Abfall produziert hat, (der) soll ...

A 8

(Die Formen mit „wo-" klingen meist umgangssprachlich): Es gibt an dir etwas, womit/mit dem ich Schwierigkeiten habe. – Du darfst ihm nichts schreiben, worüber/über das er sich ärgern könnte. – ... eine Höhle, über die/worüber ich sehr viele Geschichten erzählen könnte.

A 9

(A 1) Beispielsatz: Valentin, welcher einen Hut kaufen will, betritt den Hutladen. – Die Männer, welche Höhlen erforschen, ... – Ein Hut, welcher ganz aus Metall besteht, ... – Die Mannschaft, welche im August in die Höhle eingedrungen ist, ...
(A 2) Beispielsatz: Die Höhle, von welcher wir sprechen, liegt ... – Die Höhle, in welcher drei Mannschaften verschwunden sind, ... – Ein Hut, mit welchem Valentin zufrieden war, ... – Der saure Regen, über welchen viel gesprochen wird, ...

A 10

Die im Fluss schwimmenden Enten haben mich ... – Der alles entscheidende Augenblick kam ... – Ein an allen Hüten herummäkelnder Mensch ist ... – ... handelt von einem seine Heimat, seine Familie, seine Freunde und seine Liebste verlassenden jungen Mann.

A 11

Die zur Rettung der Höhlenforscher zusammengestellte Mannschaft wurde … – Die in Deutschland meistgelesene/von den meisten Leuten gelesene Zeitung hat … – Die von dem jungen Mann verlassene Frau wird … – Die ständig verfolgte, oft inhaftierte und am Ende ermordete Frau ist …

A 12

Die von uns angewandte/angewendete Diätmethode heißt … – Die von Valentin anprobierten Hüte sind … – Die von der mitteleuropäischen Industrie stark verschmutzten Flüsse fließen …

A 13

Mit den Texten, die wir noch zu redigieren haben,/die wir noch redigieren müssen, sind wir … – Die wirtschaftlichen Probleme, die in Europa bewältigt werden müssen/die in Europa noch zu bewältigen sind, sind … – Die zu erforschende Höhle ist unerforscht geblieben. – Einige Referenten redeten einen nicht zu verstehenden Unsinn.

A 14

Die seit September in der Höhle vermissten Höhlenforscher stammen … – Die von der neuen Regierung vertretene Politik unterscheidet sich nicht von der von der alten Regierung vertretenen Politik. – Der die Heimat und die Liebste verlassende Jüngling war …

A 16

Die Zahlen in Klammern bezeichnen die verschiedenen Varianten der Attribution (➤ GiK 1, S. 184). Bei „wirklich guten" Formulierungen sind die Nummern in Klammern mit einem plus-Zeichen (+4) versehen. ?, ??, ??? bedeuten Lösungen von eher zweifelhaftem sprachlichem Wert. **Satz 1:** die Mikroprozessoren produzierende Maschine; (+3) die Maschine, die Mikroprozessoren produziert; (4) die Maschine, Mikroprozessoren produzierend (??; zu viel Pathos für diesen Kontext); (+5) eine Maschine zur Produktion von Mikroprozessoren; (6) die Mikroprozessoren-maschine/Mikroprozessormaschine (???; eher unwahrscheinlich, dass die mit solchen Maschinen beschäftigten Fachleute einen so langen, fast unlesbaren Begriff bilden würden); (7) ? (möglicherweise gibt es einen Fachausdruck). **Satz 2:** die oppositionelle Partei; (+2) die auf der Oppositionsbank sitzende Partei; (3) die Partei, die nicht an der Regierung ist (die auf der Oppositionsbank sitzt); (+4) die Partei, derzeit in der Opposition; (+5) die Partei in der Opposition; (+6) die Oppositionspartei; (+7) die Opposition **Satz 3:** (1) die höhlenforschenden/Höhlen erforschenden (???; eher unwahrscheinlich als fachsprachliches Adjektiv) Männer; (+2) die Männer, die die Höhle von Taxenbach erforschen; (+3) die die Höhle von Taxenbach erforschenden Männer; (4) die Männer, die Höhle von Taxenbach erforschend; (+5) die Erforscher der Höhle von Taxenbach; (+6) die Taxenbacher Höhlenforscher

A 17

a/b) Ein aus der Eyachtalstraße die Bundesstraße übequerender (1) Fahrer eines Personenwagens (2) übersah bei der Überquerung der Ortsdurchfahrt (3) ein aus der Ortsmitte kommendes (4) Fahrzeug. Vier von fünf Personen, die in dem von der Vorfahrtsverletzung betroffenen (5) Auto saßen, konnten nach ambulanter (6) Behandlung im Kreiskrankenhaus (7) wieder entlassen werden.

c) Durch die insgesamt sieben Attributionen, darunter drei linksstehende Attributionen mit Partizipien (unterstrichen), wirkt der Text äußerst bürokratisch, im Papier- und Verwaltungsstil eines Polizeibüros in den PC getippt. Leider werden immer noch viele deutsche Schrifttexte so verfasst, in Bürostuben, Rechtsabhandlungen oder wissenschaftlichen Arbeiten. Das ist zu kritisieren und auch der Polizist würde zu Hause den Vorfall in völlig anderem Sprachstil berichten.

A 18

1. Schubert-Text: Die Musik von Schubert unterstreicht den fließenden, schwebenden Rhythmus des Textes, wozu die PI-Formen erheblich beitragen; beachten Sie, wie z. B. auf diesen Endungs-Silben (z. B.: … Welt hinaus zie-hen-den; hoffnungslos sin-ken-der) die Musik verlangsamt werden kann.

2. Text über Rosa Luxemburg: Rosa Luxemburg wurde ständig verfolgt, man bespitzelte sie, sie musste sich immer wieder im Untergrund verbergen, wurde aber mehrfach verhaftet und ins Gefängnis gesperrt … etc. Der Stil ist bewusst pathetisch, es soll eine Leidensgeschichte, eine Passion erzählt werden, wozu der bibel-ähnliche Sprachstil wesentlich beiträgt; durch die parallelen Attributionsformen kann auch die Endlosigkeit dieser Leidensgeschichte gut zum Ausdruck gebracht werden. Es ist ein feierlicher Text, der Schrecken und Mitleid erzeugt.

3. Text „ehe": Der mittelhochdeutsche Text ist ein schönes Liebesgedicht, eine Folge von sechs sprachlich ganz einfachen, ruhig fließenden Sätzen mit einfacher Bauart. Es entsteht der Eindruck großer Vertrautheit und inniger Liebe. Hier spricht das Herz. Der neuhochdeutsche Text ist eine Definition der Ehe von gewaltiger, fast gewalttätiger Komplexität. Hinter dem einfachen „ist" wird das Bezugswort „Vereinigung" zuerst mit einem partizipialen Linksattribut, dann mit zwei Rechtsattributen (1. von Mann und Frau, 2. zur dauernden Gemeinschaft aller Lebensverhältnisse) behängt und beschwert. Hier spricht nicht das Herz, sondern der Staat, die Bürokratie und die mit ihr verbundene soziologische Wissenschaft. Der mittelhochdeutsche Text klingt musikalisch, konkret und schön, der neuhochdeutsche klingt bürokratisch, abstrakt und abschreckend. Durch die wechselhafte Schreibweise (man kann sich den Text wechselnd von zwei verschiedenen Stimmen gesprochen vorstellen) entsteht ein starker Kontrast der beiden so verschiedenen Aussagen und Tonlagen.

4. Text „Mutmaßungen": Die übermäßig vielen Attributionen geben dem Text eine bürokratische, wegen des Inhalts aber gleichzeitig eine komische Wirkung, denn bürokratische Texte sind normalerweise ja eher nicht komisch; der Text wirkt – ähnlich wie der Bericht über den Gastbesuch aus Osteuropa in der Balinger Zeitung (➤ Text (2), S. 45) – unfreiwillig komisch, so, als ob der ungeübte Schreiber sich in der Stilform vergriffen hat. Bei Thomas Bernhard (bzw. bei den Autoren dieser Bernhard-Parodie) ist das aber so gewollt.

Kapitel 17: Bitte zur Kenntnis nehmen
Nomen-Verb-Verbindungen

A 1 und A 2

Zeigen Sie die Kataloge auch Deutschsprachigen, wenn Sie die Möglichkeit dazu haben, und bitten Sie sie um ihre Meinung, welche Ausdrücke besonders wichtig sind, welche eher nur für das Verstehen von Texten. Achten Sie auf Stilunterschiede (z. B. Umgangssprache, Schriftsprache, sehr förmliche Schriftsprache).

A 3

1: Abschied nehmen – einen Vorwurf machen – in Schutz nehmen – sich in Acht nehmen – die Fähigkeit besitzen – einen Antrag stellen – in Erfüllung gehen – zur Verfügung stehen – ein Versprechen geben/einlösen/machen – im Recht sein – Kritik üben – Forderungen stellen – eine Antwort geben – im Irrtum sein/verharren – Platz machen – Hilfe leisten/bringen – eine Frage stellen – in Not sein/geraten – Rücksicht nehmen – Eindruck machen

2: zur Folge haben – ein Gespräch führen – in Vergessenheit geraten – zur Diskussion stellen – Einfluss nehmen/ausüben – unter Strafe stehen/stellen – Anklage erheben – in Kraft sein/treten – zum Ausdruck bringen – Bezug nehmen (auf) – in Zweifel ziehen – zur Sprache bringen – um Erlaubnis bitten – in Anspruch nehmen – zur Kenntnis nehmen

A 4

1: Nun kommt der Antrag … zur Abstimmung. – Es kommen nur … zur Anwendung. – Viele Menschen sind … in Schwierigkeiten geraten/gekommen.

2: Wir bringen unser Projekt langsam in Gang. – Der Unsinn der Rettungshunde hat aber niemanden in Gefahr gebracht. – Diese postmoderne Krawatte bringt Ihre Persönlichkeit erst richtig zur Geltung.

A 5

Mir ist etwas Merkwürdiges passiert. – Mir passiert immer wieder die gleiche Schwierigkeit. – H_2O wurde als umweltschädlich verdächtigt. – Es ist noch ungewiss, ob das Ozonloch für den Kölner Dom gefährlich ist.

A 6

… kam/gelangte Herr Valentin zu dem Entschluss, … – … gelangte/kam das Stück … zur Aufführung. – … bin ich zu der Erkenntnis gekommen/gelangt, dass …

A 7

1: Es stehen nun … zur Diskussion. – …, wenn für uns eine Gehaltserhöhung in Aussicht steht. – Mehrere Hüte standen Herrn Valentin zur Auswahl.

2: Auch das Nachmachen der neuen Banknoten ist unter Strafe gestellt. – Der Abgeordnete Moritz Huhn stellt sich nicht mehr zur Wahl. – Selbstverständlich stellen wir Ihnen einen Wagen mit Chauffeur zur Verfügung.

A 8

der Anfang der schwierigen Situation – der Zweifel an der Eignung der Bernhardiner als Rettungshunde – eine Diskussion über das Verhalten von Moritz Huhn – das baldige Ende dieses Grammatik-Kapitels

A 9

Diese Aufgabe können Sie z. B. in Zusammenarbeit mit anderen bearbeiten, die auch Deutsch lernen. Sie können verschiedene Karten bearbeiten und dann austauschen. Hier nur drei Beispiele: in Bewegung/Fahrt/Gang/Gebrauch/Mode/Umlauf bleiben – zur Anwendung/Aufführung/Darstellung/Durchführung/Verwendung/Wirkung gelangen – in Mode/Fahrt/Rage/Panik sein

A 10

Wenn Sie Gelegenheit dazu haben, bearbeiten Sie diese Aufgabe zusammen mit Deutschsprachigen; denn auch für sie ist das Suchen der passenden Verbergänzung eine stilistische Herausforderung:
ins Leben gerufen – Maßnahmen ergreifen/treffen – in tiefe Depressionen versunken/gestürzt worden/geraten – schwebte … in der Gefahr, sich das Leben zu nehmen – ins Auge fassen – auf großes Unverständnis gestoßen – trugen sich mit dem Gedanken – wieder an Bedeutung gewinnen

A 11

Wenn Sie Gelegenheit dazu haben, besprechen Sie diesen Text mit Deutschen, die die 50er- und frühen 60er-Jahre in der Bundesrepublik (West) bewusst erlebt haben.

Orthographie 7: Warum getrennt schreiben, was doch zusammengehört? (1)
Zur Zusammen- und Getrenntschreibung: Nomen, Verben und einige Kleinigkeiten

A 1

lobpreisen – Halt machen – Maß halten – Pleite gehen – spazieren gehen – Probe fahren – schlussfolgern – preisgeben – standhalten – Ski fahren
Beim Bergsteigen muss ich ab und zu mal Halt machen. – Das passiert mir nicht, wenn ich spazieren gehe. – Um acht sind wir losgeflogen, um neun mussten wir notlanden und um zehn sind wir wieder heimgefahren. – Wer einen Computer hat, will nicht mehr Maschine schreiben. – Ich würde gerne bei der oberschwäbischen Meisterschaft im Kartoffelschälen teilnehmen, falls sie jemals wieder stattfindet. – Bei manchen Dingen ist es besser, sie links liegen zu lassen. – Und dann ist plötzlich die Zeit stehen geblieben. – Ich möchte am liebsten weg sein, und bleibe am liebsten hier. (Wolf Biermann)

A 2

Soviel ich weiß, hat der Tourist nicht so viele Nilpferdfotos mit nach Hause gebracht. – Kannst du mir mal verraten, wie viel Schokolade … . – Herr Böse und Herr Streit trieben es so weit, dass … . – Herr Valentin war ein schwieriger Kunde, so dass die Hutverkäuferin … .

Kapitel 18: Wieso denn eigentlich?
Redepartikel

Bei diesem Kapitel gibt es in allen Aufgaben und Sätzen ganz oft mehrere mögliche Lösungen, je nach Redepartikel, mit kleinen Unterschieden in der Betonung, der Klangfarbe, der Bedeutung. Ohne Ton sind die Sätze oft nicht eindeutig verstehbar. Wir geben hier bei den Aufgaben meist nur eine zutreffende Antwort. Probieren Sie selbst weitere Möglichkeiten aus, natürlich geht das am besten zusammen mit Deutschsprachigen, wenn Sie dazu Gelegenheit haben. Eine sehr gute Lösung wäre es, wenn Sie sich von einem deutschsprachigen Sprecher oder einer Sprecherin eine Tonkassette mit den verschiedenen Lösungen besprechen lassen, mit guter Betonung und mit Lust am dramatischen Sprechen.

A 2

Um wie viel Uhr kommst du denn? – Wie kann ich Ihnen denn helfen? – Haben Sie den Bericht eigentlich/überhaupt schon fertig?

A 3

Die betont gesprochenen Wörter sind hervorgehoben:
Was wollen **Sie** denn hier? – Wie kommen Sie überhaupt/denn/eigentlich auf **die** Idee? – Wo haben Sie überhaupt das **Geld** her?

A 4

Würdest du etwa so einen Job gerne machen? – Bin ich denn für alles verantwortlich? – Wer steht schon gern morgens um 4 Uhr auf?

A 5

Seid ja ruhig! – Mach ruhig/nur so weiter, dann wirst du schon sehen, was passiert. – Hau ja/bloß ab und lass dich nie wieder sehen.

A 6

Wie spät ist es denn? – Das ging aber knapp an einem Unfall vorbei. – Schau mal, es regnet ja.

A 7

Du bist vielleicht ein Experte! – Mach doch deinen Kram alleine! – Das hast du aber toll hingekriegt!

A 8

Probier's doch, es ist nicht schwer! – Geh einfach zu ihm und frage ihn! – Nimm dir ruhig noch was, wenn's dir schmeckt!

A 9

Hilf mir doch endlich, du siehst doch, dass es nicht klappt! – Komm doch endlich! – Fahr doch endlich los, sonst kommen wir völlig zu spät!

A 10

Er wird schon noch kommen. – Sie werden doch wohl nicht behaupten wollen, dass ich daran schuld bin! – Du kannst ganz beruhigt sein. Wir werden das schon schaffen!

A 11

So sind die Leute halt/eben. – Für einen Schaden muss man nun mal bezahlen. – Es ist einfach zu dumm, dass ich daran nicht gedacht habe.

A 12

Wir geben in Klammern die Nummern aus der Liste der Redepartikel im Katalog (➤ S. 246 f.) an:
Bedeutung von „eigentlich": Satz 1 (2) – Satz 2 (4) – Satz 3 (3)

A 13

Die betont gesprochenen Silben sind hervorgehoben:
Wa**rum** wohl? – **Wo** schon? – Ja, **wann** denn?

A 14

starke, spontane Zustimmung – Trost für einen geleisteten Teilschritt, auch wenn das Ziel noch nicht erreicht ist – resignative Zustimmung zu einer negativen Situation

A 15

(Kapitel 4, A 11): Wenn ich dich doch nur nicht kennen gelernt hätte! – Wenn ich doch nicht immer alles alleine machen müsste! – Wenn mir doch endlich ihr/sein Name einfallen würde!
Andere Beispiele: Wenn er mir doch bloß schreiben würde. – Wenn der vedammte Bus doch endlich kommen würde! – Wenn ich doch nur etwas mehr Zeit hätte! – Wenn ich doch nur 'ne Million hätte!

A 16

Ich hätte dich jedenfalls besucht (wenn ich Gelegenheit gehabt hätte, während alle anderen dich nicht besucht haben). – Du kannst sagen, was du willst. Mir jedenfalls gefällt er. – Er ist eh/sowieso ein unfreundlicher Mensch. (Hinweis auf eine offensichtliche Begründung, in süddeutscher Tonlage).

A 17

Die Zahlen in Klammern bezeichnen die „denn-Typen" in der Liste der Redepartikel im Katalog (➤ S. 246) 1. (1) – 2. (2) – 3. (4), kann aber auch (2) sein, wenn z. B. Fritz mit Ketchup um den Mund herum ankommt. – 4. (2) – 5. (4) – 6. (5) – 7. (2) – 8. (3) – 9. (Konjunktion) – 10. (2)

A 18

Um die Unterschiede genau zu charakterisieren, sollten Sie, wenn Sie die Möglichkeit dazu haben, mit Deutschsprachigen diskutieren. Hier nur knappe Anmerkungen: Die Sätze mit Redepartikeln zeigen alle mehr Emotionalität, Spontaneität: 1. Der erste Satz kann undefinierbar, möglicherweise scharf, kalt, bürokratisch klingen; der zweite Satz kann freundlich gemeint sein, kann aber auch frech und „vorlaut" klingen. – 2. Der zweite Satz wirkt spontaner, wenn auch heftig; wegen der situativen Spontaneität ist es nicht so verletzend und leichter zu entschuldigen. – 3. Der zweite Satz ist ein schwerer Vorwurf, dass man viel zu spät dran ist. (Aber natürlich kann auch der erste Satz genau so gemeint sein.) – 4. Der zweite Satz sucht stärker nach einem Verständnis des Zuhörers.

A 19

1. (a) kann kalt, eventuell bedrohlich klingen, (b) kann freundlich und interessiert klingen. – 2. (b) klingt aufgebracht, beleidigt, aggressiv. – 3. (b) ist eine beiläufige Bemerkung.

A 20

Diskutieren Sie die vielen Varianten am besten mit Deutschsprachigen, wenn Sie dazu Gelegenheit haben: Wie sie klingen, wie sie betont werden, was sie bedeuten. Ich habe eben/halt/doch/ja/überhaupt/übrigens kein Geld. – Kannst du mir eben/übrigens helfen? – Haben Sie das etwa/denn/eigentlich/überhaupt/übrigens gewusst? – Ich kann mir das eigentlich/überhaupt/übrigens/ja/halt nicht vorstellen. – Komm halt/doch/ja (betont)/übrigens bei mir vorbei!

A 21

Diskutieren Sie die Aufgabe mit Deutschsprachigen, wenn Sie die Möglichkeit dazu haben. Hier einige kurze Hinweise: ärgerlich, mehr oder weniger – freundliche, nicht sehr betonte Aufforderung – man drückt aus, dass man von seinem Standpunkt überzeugt ist, dass man das Recht hat, diesen Vorschlag zu machen – ungeduldig, aggressiv – drohend, aggressiv – „.., wenn du sonst nichts mit deiner Zeit anzufangen weißt" – abschließende Bemerkung:

Wenigstens das solltest du unbedingt tun! – freundlicher, beiläufiger (aber nicht unwichtiger) Rat.

A 22

1. Der dritte Satz ist der beste: Er appelliert an die Solidarität der Kollegen („wir"); der Aussagesatz will ein Appell sein; das „doch" bringt zum Ausdruck, dass eigentlich alle so denken sollten. Der zweite Satz ist möglich, wenngleich er weniger sensibel ist: Das „man", zusammen mit „denn" zwingt die anderen, die Situation ähnlich zu sehen. – Der vierte Satz tut so, als ob alle sich genau so verhalten würden und sich alle in einer kämpferischen Opposition befinden würden. – Der erste Satz ist sehr überheblich.

2. Was A sagen könnte: „Was haben sie denn mit dir gemacht?"; „Wie siehst du denn aus?!"; „Du siehst heute aber schick aus!" etc.

A 23

1: b)

2: A ist in untergebener Position und hat „schlechte Karten": zuerst der Gruß, der nicht erwidert wird; dann die Entschuldigung, die nicht akzeptiert, sondern mit einem Vorwurf gekontert wird; zuletzt ein Erklärungsversuch, der mit „Ja, ja" und einer Drohung beantwortet wird; B zeigt, dass er der Chef ist und dass er A für ein „Würstchen" hält.

A 24

Wir geben für jeden Satz nur eine Variante an: 1. Sind Sie etwa anderer Meinung? – 2. Was haben Sie eigentlich … gemeint? – 3. Haben Sie eigentlich Geschwister? – 4. Lass bloß die Finger … – 5. War das etwa falsch? – 6. Was wollen Sie denn hier? – 7. Was machst du eigentlich in den Ferien? – 8. Was machst du überhaupt in den Ferien? – 9. Hör schon auf! – 10. Reichen Sie ja (betont) Ihre Arbeit rechtzeitig ein! – 11. Wie siehst du denn aus? – 12. Komm mal her! – 13. Komm doch/endlich/doch endlich her! – 14. Wenn du schon/schon mal hier bist, … – 15. Das ist ja alles falsch. 16. Ich habe mir doch/schon Mühe gegeben, aber … – 17. Sie sind wohl nicht von hier? – 18. Wo haben Sie denn **Deutsch** gelernt? – 19. Wo haben **Sie** denn Deutsch gelernt? (Wo haben Sie überhaupt Deutsch gelernt?) – 20. Liebst du mich eigentlich?

Orthographie 8: schlecht durchdacht, schwer verdaulich, hirnerweichend (2)
Zur Zusammen- und Getrenntschreibung: Adverbien, Adjektive und weitere Kleinigkeiten

A1

1: sich kranklachen – krankfeiern (= mit dem Vorwand einer Krankheit von der Arbeit fernbleiben) – krank sein – jemanden totschießen – sich bereit erklären – schwarz färben – sich schwarzärgern – schwarzarbeiten (illegal arbeiten) – still sitzen – stillhalten (= sich nicht bewegen)

2: Genau genommen ist mir das nicht leicht gefallen. – Meine Entscheidung werde ich erst morgen bekannt geben. – Wir sollten allerdings festhalten, dass der Angeklagte manchmal freigesprochen wurde. – Ich habe manchmal Probleme, wenn ich frei sprechen muss. – Der Roman ist wirklich gut geschrieben. – Es wurde uns ein größerer Geldbetrag gutgeschrieben.

3: Ich glaube, das wird uns vorwärts bringen. – Wir müssen vorwärts gehen und nicht rückwärts. – Ich kann weiter spucken als du. – Bitte weiterfahren und nicht stehen bleiben. – Der Versuch ist total danebengegangen. – Es ist ein bisschen Rotwein daneben gegangen.

4: Wir waren sofort ineinander verliebt. – Jetzt fühlen wir uns aneinander gebunden. – Warum hast du denn die Schuhe aneinander gebunden? – Meine Gefühle sind völlig durcheinander geraten. – Wir sind nicht gut miteinander ausgekommen. – Wir wollen niemals auseinander geh'n.

Kapitel 19: Is noch was?
Gesprochene Umgangssprache

Auch bei diesem Kapitel wäre für Sie die Zusammenarbeit mit einem deutschsprachigen Partner besonders vorteilhaft. Wenn Sie dazu die Möglichkeit haben, lassen Sie sich die Beispiele und Texte laut und dramatisch vorlesen, lassen Sie sich eine Tonkassette besprechen, um die richtige Aussprache und Intonation gut hören und imitieren zu können.

A 3

Ich komm' gern zu dir und bleib' übers Wochenende. – Das würd' ich mir gut überlegen, ich hätt' das überhaupt nicht so gemacht wie du. – Komm, wir trinken einen, ich hab' (phonetisch: /hap/) nämlich Ärger zu Haus'.

Anmerkung zu den Lösungen A 4 bis A 7, A 10 und A 35: Bitte beachten Sie, dass die Lösungen zu diesen Aufgaben meistens die Sprechweisen der gesprochenen Umgangssprache wiedergeben, nicht aber als Schreibweisen zu verstehen sind!

A 4

uns're – eure – teurer – bess're – klett're – schütt'le – Zum bess'ren/bessern Kennenlernen uns'rer Weine gebe ich Ihnen unsern Prospekt mit. – Der hint're Wagen ist teurer als uns'rer hier.

A 5

Wir geben hier die Leseweise wieder, lassen also das -e in der Endung aus; beachten Sie vor allem die Änderung des letzten Konsonanten nach b/p und g/k:
habm, siebm, Abmd, klappm – hattn, Badn-Badn, Gartn, redn – wegn/wegng, gegn/gegng, Gegnd/Gegngd, weckn/weckng – falln, belln, fahrn, wir warn – krachn, sprechn, fassn, kratzn – den'n, Bremn/Brem'm, nehmn/nehm'm, renn'n
Die beidn habm ein'n schön'n Abemd zusamm'm/zusammn verbracht. –
Kennst du die siebm Schwabm, die Angst vor einem Hasn habm. –
Wir werdn Musikantn in Brem'm/Bremn und wolln dich mitnehm'm/nehmn.

A 6

Achten Sie, neben den bekannten Formen „im", „ins", „am", „ans", „beim" vor allem auch auf die (gesprochenen) vorderen Abschleifungen beim unbestimmten Artikel:
mitner – mitnem – fürne – innem – beinem – so'n – sone – anne – annem
in 'em/in nem Keller mit'm besten Wein – Ich nehme Sie aufda Stelle beim Wort. – So 'ne dumme Sache, und das wegen so 'nem Mann.

A 7

hata – dassa – hatse – hast'm /hast ihm

A 8

So was Schönes … – Kommen Sie mich doch bitte mal besuchen, wenigstens ein Mal! – Ich hab' mal was geseh'n, was die ganze Sache etwas positiver …

A 9

runter – runter – rüber – rüber – raus – raus – rausgehen – rumlaufen – Komm bitte runter und geh mal rüber … – Gehen Sie bitte mutig rein, aber kommen Sie auch bitte gesund wieder raus. – Jetzt hab' ich rausgefunden, wie man rüber, rauf und runter richtig ausspricht.

A 10

Auch hier finden Sie Imitationen der lockeren, schnellen, umgangssprachlichen Aussprache (also keine Schreibweisen!) abgedruckt:
Bisher isses ganz gut gegangen, es is glücklicherweise nix Schlimmes passiert. – Da ka ma ma sehen, dass gar nix funktioniert, we ma ma nich da is. – Das Kindchen hat aus seinem Fläschjen mit dem Herzjen ein bissjen auf sein Bettchen gekleckert.

A 11

Auch hier haben wir das Problem, dass man diese Ausdrucksweisen nur spricht, nicht schreibt! Man spricht: Ich habe nichts gemacht, weil – die Aufgaben waren mir einfach zu schwer. (Der Strich soll die kleine Atempause angeben, die man an dieser Stelle machen kann.) – Komm, ich lad' dich zu einem Bier ein, obwohl – ich hab' gar kein Geld dabei. etc. – Ich kann da wenig helfen, weil – ich verstehe nichts vom Computer.

A 12

Von dem Unfall habe ich überhaupt nichts gemerkt./Überhaupt nichts gemerkt habe ich von dem Unfall. – Ganz blöd habe ich das gefunden. – Von dem ganzen Geld habe ich nichts mehr gesehen./Nichts mehr gesehen habe ich von dem ganzen Geld.

A 13

In Süddeutschland, da kann man … – In Deutschland, da sind … – Bei so einem Wetter, da kann man …

A 14

Den Text da kapiere ich einfach nicht. – Diesem Herrn da werden wir mal die Meinung sagen. – Mit dem Ding da würde ich keinen Schritt weit fahren.

A 15

Es gibt Sachen, die gibt's gar nicht. – Der Typ, mit dem hab' ich früher zusammen studiert, der kommt mich jetzt besuchen. – Das war eine Erfahrung, die werd' ich nie vergessen.

A 16

Den Typ, den kenn' ich doch. – Den Kerl, den werde ich schon noch kriegen. – Den Urlaub, den kannst du diesmal vergessen.

A 17

Sätze aus 14 und 16: Den Kerl da, den kann ich überhaupt nicht leiden. – Den Text da, den kapiere ich einfach nicht. – Diesem Herrn da, dem werden wir mal die Meinung sagen. – Mit dem Ding da, mit dem würde ich keinen Schritt weit fahren. – Die Leute da, die sind völlig verrückt. – Den Typ da, den kenn' ich doch. – Den Kerl da, den werde ich schon noch kriegen.

A 18

Der hatte große Schwierigkeiten, der junge Mann. – Ich habe nichts als Ärger gehabt wegen dir. – Der ist wirklich nett, dein Freund.

A 19

Du hast dich angestellt wie ein Anfänger. – Wir haben geschuftet wie die Pferde. – Es hat erst nach Stunden aufgehört zu regnen.

A 20

Auch hier kommt es auf die Melodie, die Intonation an: Kommt überhaupt nicht in Frage. – Bin schon da. – Geht einfach weg und lässt mich stehen!

A 21

Wegen dem Blödmann sind wir mal wieder zu spät gekommen. – Während dem Essen hat kein Mensch was gesprochen. – Trotz allem guten Zureden hat er mit dem Unfug weitergemacht.

A 22

Wir geben immer nur eine Variante: Das hat irre weh getan. – Das hat uns echt geärgert. – Du bist total verrückt geworden. – Das war ein riesiger Erfolg. – Wir haben uns unheimlich gefreut. – Das hat mir ungeheuer gut gefallen. – Ich bin heute total daneben. – Es tut mir schrecklich Leid, aber ich habe mich vollkommen geirrt.

A 23

Auch hier geben wir nur eine Variante an. Umgangssprachlich würden die Sätze etwa so klingen: Beispielsatz: Das finden wir super interessant. – Er machte einen ausgesprochen verwirrten Eindruck. – Wir haben uns irre gefreut über euren Besuch. – Es war ein ganz tolles Wetter. – Heute haben Sie ganz toll gespielt.

A 24

Ich habe das ehrlich nicht gewusst. – Er hat mit Sicherheit alles getan, was … – Die werden bestimmt nicht kommen.

A 25

Kerl: ungehobelter, unkultivierter, unangenehmer Mann – **Ding:** Gegenstand, der gerade herumliegt – **Dinger/Sachen:** Gegenstände, die gerade herumliegen oder eine Rolle gespielt haben – **Dinge:** wichtige, ernste Themen; Probleme – **Geschichten:** Lebensereignisse, (ungelöste) Probleme – **Mist:** Gegenstände, die störend herumliegen – **Kram:** Gegenstände, vielleicht auch Themen und Probleme, mit denen man sich nicht beschäftigen möchte – **Klamotten:** Kleider (meist von Frauen) – **Fragen:** Themen (aber es klingt so, als ob man sich nicht wirklich dafür interessiert, als ob man sich davor drücken möchte, sich damit zu beschäftigen) – **Angelegenheiten:** Man drückt aus, dass sich der andere nicht einmischen soll, man verteidigt einen privaten Bereich.

A 26

Die Aufgaben 26 und 27 bieten viel Gelegenheit zur Zusammenarbeit mit Deutschsprachigen.
Vier Beispiele: **aha** (1) signalisiert Verstehen, auch Interesse;

aber man hört auch den Vorbehalt. – **aha** (2) ist ein triumphierender Kommentar: „Jetzt verstehe ich, was du für ein Gauner bist". – **„Wenn du meinst"** drückt aus, dass man zwar kompromissbereit ist, aber nicht mit viel Begeisterung, eher unwillig. – **„Na also!"** ist eine erleichterte oder sarkastische Kommentierung der Tatsache, dass man lange auf eine Äußerung des Partners oder die Lösung eines Problems gewartet hat.

A 27

Drei Minidramen:

„siehste": Ein Kind spielt mit dem Taschenmesser des Vaters; der hat schon mehrmals gewarnt; dann passiert es: Das Kind schneidet sich in den Finger und weint. Der Vater beginnt, noch bevor er ein Pflaster holt, seinen Kommentar mit „Siehste!". – **„Meinetwegen":** Ein Jugendlicher bittet seine Mutter darum, abends noch einmal weggehen zu dürfen, obwohl es schon ziemlich spät ist. Die Mutter sagt: Meinetwegen, aber ohne große Begeisterung und unterdrückt dabei mögliche Gegenargumente; sie fügt aber doch noch hinzu: „Sei aber bitte unbedingt vor 12 Uhr zu Hause, darauf möchte ich bestehen!" – **„Was soll's!":** Jemand erzählt mit vielen Worten, wie ein Projekt, in das man viel Zeit und viel Geld hineingesteckt hat, völlig gescheitert ist; einer aus der Projektgruppe sagt nur: „Was soll's, lamentieren nützt jetzt auch nichts mehr." und drückt damit aus, dass man die ganze Geschichte unter der Rubrik „Lebenserfahrung" abhaken, den Blick also in die Zukunft richten soll. Er will also sagen: Es lohnt sich nicht mehr, darüber zu klagen, die Sache ist passiert, basta! Wir können es nur besser machen.

A 28

Bei dieser und den folgenden Aufgaben hilft das genannte Wörterbuch oder die Zusammenarbeit mit Deutsch-sprachigen.

abhauen: verschwinden, schnell weggehen – **anmachen:** flirten, das einem aber unangenehm ist und das man zurückweisen möchte; provozieren – **daherreden:** ohne Intelligenz, ohne Inhalt, ohne überzeugendes Konzept reden – **draufkommen:** die Lösung eines Problems, die Antwort einer Frage finden – **drum herumreden:** Angst vor der Wahrheit haben – **hinhauen:** klappen, gelingen – **rauskriegen:** durch Nachdenken oder Recherchieren die Lösung eines Problems finden; die Arbeit des Detektivs oder Polizeikommissars – **runterschlucken:** eine Beleidigung, eine Kritik, eine Niederlage, einen Fehler ohne Gegenreaktion oder Gegenstrategie hinnehmen

A 29

Hier sind einige Beispielsätze: Du kannst mich nicht dauernd um Geld anhauen, ist das endlich bei dir angekommen? – Er ließ durchblicken, dass er am liebsten aus dem Projekt aussteigen möchte. – Er kriegt es einfach nicht fertig, seine Ideen gut rüberzubringen (vermitteln, anpreisen, verkaufen). – Von dem, was sie wirklich kann, ist kaum was rübergekommen (grundlegend verstanden worden). – Hör doch endlich auf, hier rumzulabern, wir fallen nicht mehr auf dich rein.

A 30

Einige Beispiele: **Kies, Kohle:** Geld – **Macker:** Freund einer Frau – **Zoff:** Streit, Unannehmlichkeiten – **Knete:** Geldunterstützung vom Staat – **Schuppen:** Haus, Palast, Disko – **Schwein:** Glück – **Klunker:** Goldschmuck und Juwelen – **Flasche:** unsportlicher, ungeschickter,

unbrauchbarer, langweiliger Mensch – **Maloche:** harte, endlose, entfremdete Arbeit etc.

A 31

Affenzahn: viel zu hohe Geschwindigkeit – **aus den Augen verlieren:** die Verbindung abreißen lassen, nicht mehr wissen, was aus jemandem geworden ist – **auf einem Auge blind:** einseitig, parteiisch wahrnehmen und urteilen – **aus den Augen lassen:** nicht kontrollieren – **am Ball bleiben:** engagiert, interessiert bleiben – **das Blaue vom Himmel herunter lügen:** völlig „aus der Luft gegriffene" Dinge behaupten, die nicht der Wahrheit entsprechen – **wie die Katze um den heißen Brei herumreden:** aus Angst oder Taktik die zentrale (unangenehme) Wahrheit nicht zum Ausdruck bringen – **Die Decke fällt mir auf den Kopf:** Mich erdrücken die Probleme oder die vorherrschende, die enge Atmosphäre.
Einige Beispielsätze: Keine Angst, du wirst es schon schaffen; ich werd' dir jedenfalls **die Daumen drücken** (= Man wünscht jemandem ganz stark, dass er eine schwierige Situation glücklich übersteht.) – Du weißt, was dir der Arzt gesagt hat; mach' langsamer, und **spiel' nicht mit dem Feuer** (= unterschätze die Gefahr nicht). – Komm, sei nicht so streng und **lass** mal **fünf gerade sein.** – Die Polizei hat noch keine Ahnung und **tappt** seit Tagen **im Dunkeln.** – Sag mal, ist es richtig, dass du da schon wieder die **Finger im Spiel** hast? Das ist ja fast wie bei der Mafia. – Einer der Ganoven hat dann versucht auszusteigen, weil er **kalte Füße bekommen** hat.

A 32

Esel: Dummkopf, ungeschickter Mensch – **feiger Hund:** Feigling, mutloser, unsolidarischer Mensch – **Kröte:** elender, kleiner, feiger und unfairer Mensch – **blöde Kuh:** eine Frau, die sich in einer Situation unklug oder ungeschickt verhalten hat; kann eine Frau oft selbstkritisch zu sich selbst sagen – **Maulwurf:** einer aus der eigenen Gruppe, der der Gegenseite interne Geheimnisse verrät – **Spatzenhirn:** Kennzeichen von Dummheit

A 33

Kleinvieh macht auch Mist: Auch kleine Vorteile oder Geldbeträge bringen Erfolg oder Reichtum. – **Wo ein Wille ist, ist auch ein Weg:** Es kommt auf das Engagement, auf die Motivation an, dann klappt es auch. – **Das ist ein Tropfen auf den heißen Stein:** Zu einer wirklichen Lösung brauchen wir noch viel mehr Unterstützung oder Geld. – **Hier spielt die Musik:** Hier sitzen die wichtigen Leute, werden die wichtigen Entscheidungen getroffen. – **Ich glaub', mich tritt ein Pferd:** Ich bin völlig überrascht oder entsetzt. – **Kommt Zeit, kommt Rat:** Heute wissen wir noch keine Lösung, aber vielleicht morgen. – **Ende gut, alles gut:** Auch wenn es am Anfang nicht so gut ausgesehen hat, haben wir am Ende den Erfolg auf unserer Seite und können triumphieren. – **Wer zuletzt lacht, lacht am besten:** Erst am Schluss einer Entwicklung wird sich zeigen, wer den Erfolg hat (und lachen kann).

A 34

1. Mündlicher Bericht über einen Ausflug (➤ Kap. 3, A 18, Text 2): Also da sind wir jeden zweiten Tag auf irgendeinem Tennisplatz gewesen, ständig mit dem Fahrrad unterwegs an der frischen Luft, und wenn das Wetter mal nicht so gut war, dann ging's mit unseren privaten Autos auf Tour, eine Stadt nach der andern, und abends haben wir dann die Diskos in der Umgebung abgeklappert, halt überall hin, wo

was los war. Tagsüber Schwimmbad und abends Squash-Center, und kiloweise Kultur: Museum, Schlösser und der ganze Kram. Aber das Beste war: gut essen, VfB Stuttgart und jede Menge Stadtfeste. Kein Fleckchen auf der ganzen Schwäbischen Alb, wo wir nicht gewesen sind.

Mündlicher Bericht über einen Verkehrsunfall (➤ Kap. 16, S. 189): Gestern Abend hat's gekracht. Da hat einer mit seinem Auto von der Eyachstraße über die Bundesstraße rüberfahren wollen und hat nicht gecheckt, dass ein and'res Auto aus dem Ort rauskam und Vorfahrt hatte. Vier von den fünf Leuten in den beiden Autos mussten ins Krankenhaus, aber weil's nicht so schlimm war, sind sie dort nur ambulant behandelt worden und konnten dann wieder heim.

2. Als Beispiel nehmen wir die Geschichte „Was bleibt mir übrig?", die Dieter Hildebrand von sich erzählt hat (➤ Kap.15, S. 172), und zwar als mündliche Erzählung: Bei mir isses stiller geworden. Schade, dass die folgende Blödheit von mir von keinem beobachtet worden ist: Mein Arbeitszimmer ist oben im ehemaligen Speicher. Als ich mal versucht hab', was zu arbeiten, da hab' ich entdeckt, dass das Weinglas leer war. Ich hab' das Glas genommen und bin die Wendeltreppe runtergegangen, hab unten die Flasche gepackt, aber als ich wieder oben war, hab' ich gemerkt, dass ich das Glas unten stehen gelassen hab'; dann bin ich mit der Flasche wieder runtergegangen und hab' das Glas raufgeholt, aber die Flasche is unten geblieben. Endlich hatte ich dann Glas und Flasche oben beieinander gehabt, aber dann hab' ich gemerkt, dass ich beim Holen der Flasche den Korkenzieher unten vergessen hab' …

3. Mündlicher (nicht ganz ernst zu nehmender) Lebenslauf: Weißte, ich bin'n ganz armes Schwein. Meine Alten habm sich einen Dreck um mich gekümmert, der Alte is am Ende arbeitslos gewordn un hat nur noch rumgesoffen un die Mutta verprügelt. Am Ende bin ich im Waisenhaus gelandet, aber von da bin ich immer wieder ausgebrochen, dann kam Erziehungsheim, war ne schlimme Zeit, dann die ersten Brüche und all so was, zuerst Jugendstrafe, immer mit Bewährung, aber dann ohne, un wies im Knast so zugeht, das kannste dir ja denken. Ja, un jetz bin ich wieda draußen un hocke hier in der Bar da rum, wo überhaupt nix los is; mich kennt keiner, ich kenn keinen, ich hab keinen, ja, un deshalb spendier ich dir jetz einen, un zwar mit meinem allerletzten Geld.

4. Text „Straßenverkehr" (➤ Kapitel 14, S. 164): Einmal bin ich bei Rot über die Straße gegangen, vor einem Bus vorbei, der hat im Stau gestanden und sowieso nicht weiterfahren können. Da hat der Bus einen Satz nach vorwärts gemacht, der hätte mich fast erwischt, und der Busfahrer oben über mir hat die Faust aus dem Fenster gestreckt und mich angebrüllt: „Totschlagen müsste man euch!" Wen er da gemeint hat? Die, die bei Rot über die Straße gehen? Also das kann man sich so vorstellen: Ich bin bei Rot über die Straße, und das hat bei ihm die Alarmglocken schrillen lassen, alles, was er sich bisher in seinem Leben alles verkniffen hat, das kam jetzt raus. Also überhaupt kein Spaß, dass er alle die totschlagen will, die mit einer klitzekleinen Übertretung sein krampfhaftes Ordnungssystem zum Einsturz bringen. So einer lässt sich nicht gern beweisen, dass er nie frei gelebt hat.

5. Wir geben hier vier mündliche, umgangssprachliche Erklärungen:

Konkurrenzdruck: Das geht heute ja schon in der Schule los; die Kleinen büffeln nur noch auf die Noten, und wenn einer mal 'ne 2 hat und der andere 'ne 1, dann geht das Geheule los. Weil die Eltern sich nur noch vorstellen können, dass ihre Kinder mal die große Karriere machen, geht's in der Schule nur noch um die Noten; von sozialem Lernen und Solidarität untereinander keine Spur. Wenn du nicht der Beste bist, kannst du gleich einpacken.

Abstinenz: Wenn du alles das nicht machst, was dir Spaß macht; also z.B. verlangt die Katholische Kirche von ihren Pfarrern und Nonnen, dass sie nicht heiraten und überhaupt nichts mit dem anderen Geschlecht haben; aber es gibt natürlich auch gute Gründe für Abstinenz: Wenn du zum Beispiel aufs Rauchen, auf harte Schnäpse oder auf Drogen ein für allemal verzichtest, das hat ja auch gesundheitlich positive Folgen, oder wenn du zum Beispiel an die überzeugten Vegetarier denkst, bei denen ist das ja auch ökologisch richtig, was sie tun. Aber ein bisschen streng ist das schon, und manchmal auch ziemlich verbissen.

Lustprinzip: Na ja, das ist oft das Gegenteil von Abstinenz. Alles, was Spaß macht, ist entweder ungesund, macht dick, oder es ist verboten. Was wäre das für ein herrliches Leben, wenn man jeden Tag nach dem Lustprinzip leben könnte, nach dem Motto: Tu das, was dir Spaß macht, und lass es dir von niemandem vermiesen. Ich fürchte nur, das gäb' ein ziemliches Chaos. Aber je älter ich werde, um so mehr wird mir deutlich, dass ich in meinem Leben so was wie das Lustprinzip viel zu oft vernachlässigt hab'.

freie Meinungsäußerung: Wenn jeder sagen, schreiben und publizieren kann, was er wirklich denkt; allerdings darf er damit nicht die Rechte anderer Menschen verletzen.